なぜ、日本には碁盤目の土地が多いのか

金田章裕

日経プレミアシリーズ

はじめに

人は土地に居住し、村落や都市を形成してきた。人はまた、農業を営み工場や商店・オフィスを設営するのにも土地が不可欠であった。そのために人は、土地に所有権を設定したり、利用のための用益権を獲得したりした。その際、何らかの形で権利の範囲を区画する必要がある。日本では、このような土地区画のほとんどが正方形や長方形である。本書の目的は、日本にはなぜ碁盤目の土地区画が多いのかを探ることにある。

現代の私たちが目にすることのできる日本の農地には、とりわけ方形（正方形や長方形などの四角形）のものが多い。市街地でも、多くの街路が碁盤目のように直角に交差しているのが普通である。街路に区画された街区はもとより、すぐには目につかないが一つ一つの宅地や施設の敷地もまた、方形の土地区画であるのが一般的である。方形でなければ、むしろなぜかと考えることがあるかもしれない。

例外はあるものの、日本ではほとんどの場合、大小の土地区画は基本的に方形を志向している。狭小な国土をくまなく区画するのであれば、蜂の巣状や三角形など、ほかの形状もあり得るのである。どうして、このような碁盤目の区画への志向性が中心となったのであろうか。

例えば京都の中心市街が、東西方向と南北方向の方格状の街路網で構成されていることは広く知られている。斜交する道路がないので、目的地が出発点と同じ東西あるいは南北方向の道路沿いでなければ、必ず大小の交差点を直角に曲がりつつ、直角三角形の二辺をたどる形で進む必要がある。しかしその一方、東西方向と南北方向の街路の間隔がほぼ一定（東西道路の南北の間隔が約一二〇メートル、南北道路の東西の間隔はその半分の約六〇メートル）なので、これを承知していれば、ほぼ間違いなく、容易に目的地に歩き着くことができる。

この街路パターンの場合、基本的に八世紀末の平安京の方格プラン（方形の外形と碁盤目状の街路網）に由来することは、すでによく知られているところであろう。平安京以前の長岡京や平城京でも類似の方格プランであった。京都の場合、豊臣秀吉の政策によって南北方向の街路が加えられ、東西の街路間隔が南北のそれの半分となっている場合が多いことが特徴である。

代表的な他の大都市を眺めてみたい。大坂（大阪）は豊臣秀吉による一六世紀末の都市建設に由来するが、上町台地西側の平地にある船場・島之内などの中心市街は、やはり碁盤目状の街路パターンである。

一七世紀初めごろに徳川家康によって建設された名古屋もまた、平坦な熱田台地上の中心市街は碁盤目状の街路パターンで構成されている。大阪・名古屋の中心市街は、ともに碁盤目状街路を基礎としているのである。

ただし名古屋と同様に、やはり家康が建設した江戸（東京）の場合は、これらとは様相が異なっている。江戸の中心市街の特徴を一言で表現するのは難しいが、あえて言えば、さまざまな方格街路網からなった、複雑な単位のパッチ状（つぎはぎ）の集合である。

例えば五街道の起点であった日本橋から、北への街道沿いの室町一〜三丁目付近の両側はほぼ長方形の街区からなり、南への南一〜四丁目付近は菱形にゆがんだ長方形の街区からなる（元禄三年「江戸御大絵図」など）。各パッチ内では、ややゆがんでいる街区群の場合があるが、街路は直交ないし平行を志向した形でつくられていることは確認できる。

　このようなパッチ状の集合には、台地と低地が複雑に入り組んだ地形と、江戸に多かった大火による被災と復興がかかわっている側面もあろうが、それでも方形街区への志向は見られる。


　ところが、私が初めてフランスのパリを訪れたとき、これらとは全く異なった街路パターンと街区の形状に驚いた。まっすぐなシャンゼリゼ通りの西北端にある凱旋門へ行くと、その周囲の広場から放射状に直線の街路が延びていた。また、オペラ座の南側前面の広場や、イタリア広場からもそれぞれ、やはり放射状に街路が延びていた。その結果、中心広場に沿って湾曲した建物があり、広場付近には鋭角となった街角が存在した。オペラ座の付近などでは、ほぼ三角形の街区や、三角形の街路に沿った一つの大きな建物さえ存在する状況が見られた。

　しかもパリにおける、これら放射状の広い直線街路に接続する小街路には、さまざまな方向の短いものや、さまざまに湾曲したものが極めて多かった。市街図を見ると、旧市街はむしろこれらの小街路が不規則につながり、網目状に広がっている状況である。

もともとパリ市街は、周囲を取り巻いていた囲郭（城壁）の中に、湾曲した街路が網目状に広がるのが一般的であったが、都市の発達とともに囲郭を外側へと拡張して市街地を拡大し、一層複雑な街路網となっていったのである。

現在見られる放射状の直線道路や、それらに沿って並ぶ、高さのそろったビル群は、近代になってからの都市改造の結果である。一九世紀中ごろ、第二共和制のフランス大統領に当選したナポレオン三世の下で、セーヌ県知事であったG・E・オースマンによって実施された市街再編によるものであった。オースマンが新設した街路は八〇〇キロメートル以上に及ぶという。

このようなパリにおける、網目状街路に放射状街路が加わった街路パターンと、三角形を含む多様な形状の街区は、京都における方格状街路と方形の街区とは極めて異なった形状である。しかも日本の場合、京都ほど典型的ではなくても多くの都市が、さまざまな時代に碁盤目状の街路を志向してきたことは、大阪・名古屋などの例を挙げたとおりである。地形的制約の多かった江戸でさえ、各パッチ内では類似の志向があった。

さらに日本では、水田に代表される耕地もまた碁盤目状に区画されているのが普通である。歴史的にその志向が強いのみならず、現代でもその傾向は続いている。日本では、市街であるか農地であるかを問わず、土地区画には碁盤目の形状、方格の形状となっている場合が圧倒的に多いのである。

このように見ていくと、私たち日本人はこのような方形の土地区画が当たり前だと感じているように思える。逆に方形でなかったり、ゆがんでいたりした場合に、なぜかとその理由を考えることになるようだ。それがどうしてなのかについて考えてみるのが、本書の目的である。

第1章では、「さまざまな土地区画」を改めて取り上げて、土地区画が、何のためにどんな役割を果たしてきたかを探りたい。土地の区画にかかわるいろいろな表現を振り返り、「土地区画」「土地計画」などの用語を使用する意図についても取り上げたい。

第2章では、本書の主題の基礎となる、日本の「碁盤目区画の成立と展開」の過程をたどってみたい。

第3章では世界に目を転じて、古代中国・ローマ以来の「旧世界の多様な土地計画」の存在について、方格の土地計画と土地区画の例や、多様で不規則な土地区画の展開について考えたい。

第4章ではさらに、北米・オーストラリアなど「新世界の土地計画と碁盤目」の展開の様相を見渡し、その発生の過程と特性について考えるとともに、伝播の状況をたどりたい。

第5章では日本の場合に戻り、いろいろな企図のもとに、さまざまな形状の「近現代の方格地割」が形成される過程を眺めたい。

第6章ではこれらの検討を踏まえ、「なぜ碁盤目を志向するのか」について、改めて考えてみたい。

なぜ、日本には碁盤目の土地が多いのか　目次

第4章　新世界の土地計画と碁盤目

第　1　章

さまざまな土地区画

日本に多い碁盤目の土地区画

碁盤目の土地といえば、市街地が碁盤目の街路網で区画された状況（碁盤目の街区）や、農地が碁盤目の農道で区画された状況（碁盤目の農区）を、まず連想することになろう。小著は日本における、このような碁盤目の土地の形状について探るのが目的である。

これらはいずれも土地区画と総称することができる。このように土地区画とは道路による市街や農地の区画だけでなく、土地が何らかの形に区画された状況一般を指す。

土地区画とは何か、類似の言葉の中でなぜこの用語を使うのか、についてまず触れておきたい。要するに土地区画とは、図上であれ地上であれ、土地に何らかの境界が設定され、それに囲まれた土地の広がりである。

この意味で土地区画は、境界で限られた現代日本の都道府県や市町村などの広い範囲から、畦で区切られた水田の一枚一枚や、塀や生け垣で囲まれた宅地の各区画の狭い範囲まで、さまざまな広さと形状の土地が含まれることになる。これらには、境界表示の杭などが打たれているだけの場合もある。

土地区画の所在地を表示するためには、例えば現在では、○○市○○町○○丁目△△番地、〇〇郡〇〇町大字（あざ）〇〇小字〇〇△△番地、といった大小二重三重となる土地区画の名称（地名）と番号（地番）が使用されている。

小著は、このような大小の土地区画について、特にその形状を中心に取り上げるのが目的である。一枚一枚の水田や、一筆（いっぴつ）一筆の宅地などの最小単位の土地区画は、とりわけ土地利用や土地所有に関わっていることが多い。それら自体の形状と、それらの配置状況（区画群）や配置計画、さらにそれにかかわる道路や水路などの状況に、まず注目することとしたい。

一筆一筆の土地区画とは、日本では明治初期の地租改正によって土地区画に地番を付された単位であり、筆（ひつ）はこれらの権利の単位を数える語である。一筆の土地区画は地筆と呼ばれ、基本的に土地所有の単位である。分筆されて地番に枝番が付された区画ができたとしても、それぞれが地筆である。

現在では一枚一枚の水田もまた、基本的に所有権の単位であり、同時に土地利用や用益権などの単位でもあるのが普通である。一筆一筆の宅地であれば、それもまた所有権の単位であることが多く、借地等であったとしても用益権の単位であり、借地権の単位でもある。

土地区画ないし地筆の語については、類似の対象を表現する地割（ちわり、または、じわり）という語がある。地割の語は、後に取り上げる条里地割や新田地割、あるいは宅地割などのように、性格を明示して、あるいは対象を限定して用いられる場合がある。また地割の語が、祭礼の際などの寺社の境内や門前における露店などの配置を意味して使用されるように、明らかに用益権の設定と配置を示す行為を指している場合もある。

以下においてはまず、何らかの境界によって区切られた土地の広がりを土地区画と表現して、その形状について検討を進めたい。土地区画とは、地表に実際に構築された区画のみならず、さまざまな地図上などで確認することができる区画を含めた対象を意味する一般的表現である。全体的な表現として地筆や地割の語を避けるのは、これらの語の場合、意味や成因を限定することが多いからである。

とりわけ歴史的な状況においては、多くの場合に権利や義務の様相が現在と異なったり、情報が限られたりしているので、内容が規定されている用語によって安易に表現することができない。従って実態を確認した上で、その性格ないし機能や、起源と役割などに立ち返って考える必要があるからである。改めてこれら三つの語の使用について整理すると、次のようになる。

「**土地区画**」と表現するのは一般的な土地の区画であり、右に述べたように所有権や用益権あるいは土地利用単位のいずれか、あるいは複数にかかわって設定されたさまざまな区画を指す。用語自体が内容を限定しない。

一方で「**地筆**」と表現する場合における筆の語は、所有権の単位ごとに土地を記載あるいは登記し、それを数えることから発生しているので、所有権や用益権の状況が明確な場合にのみ使用する。

これに対して「**地割**」の語は、先に例示した条里地割や新田地割のように、対象を限定して表現する場合に使用したい。それによって具体的な対象を明確にすることができる場合である。

また、本書のタイトルに用いた「**碁盤目**」の語についても触れておきたい。土地区画の形状や配置に強くかかわる街路や道路パターンなどの類型には、碁盤目のほかに「方格」という類似の語も使用することとなるからである。いずれも直交する街路・道路網や水路網を意味することは共通する。

本書では、どちらかと言えば正方形ないしそれに近い土地区画の形状とかかわる場合に碁盤目の語を使用したい。これに類似するが、正方形には必ずしもこだわらず、長方形や菱形などを含む場合をも含めて「**方格**」と称する。つまり、区画の直線が平行し、それが直交ないしほぼ直交する状況を志向している場合に、一般的な表現として方格の語を使用したい。

従って「**方格プラン**」とは、ほぼ方格をなす土地区画の平面の形状、あるいはそれが地図などに表現された状況を示すことになる。

さらに、土地区画を発生させるような法律や方針あるいは政策など、土地区画設定の方向性を規定する全体を「**土地計画**」と表現したい。土地計画が、地域レベルから国家レベルまでの多様な規模で、また多様な形状で展開したことは、後に改めて取り上げる。

弥生・古墳時代の水田跡

さて、初期の土地区画を知る上で貴重な例が、考古学の発掘調査によって知られている。昭和二二年（一九四七）からの調査によって、静岡市登呂遺跡において発見された弥生時代の水田跡が最初であった。河川に近い低湿地において、矢板や杭によって補強された畦畔(けいはん)に区画された水田が、計三六枚以上発見された。

同三一年（一九五六）には、干拓事業に伴う調査によって滋賀県大中之湖南遺跡で弥生時代の水田跡が発見され、同三四年（一九五九）にも岡山県津島遺跡において、低湿地に弥生前期の前半に相当する水田土壌が確認された。これらによって、日本における稲作の開始時期は、それまで考えられてきたより早い時代であったことが知られることとなった。

さらに、昭和四八年（一九七三）に、群馬県高崎市大八木遺跡において奈良時代の水田跡が発見されたのを皮切りに、扇状地末端付近の火山灰に覆われた同市御布呂（おふろ）遺跡においても、弥生時代・古墳時代などの水田跡が検出された。工楽善通によって、これらの代表的な遺構が図1－1のように整理されている。

同図の①は、昭和五五年（一九八〇）からの調査による高知県南国市の田村遺跡（六段階区分の弥生Ⅰ期）の水田跡である。三～八〇平方メートルの水田二九三枚が検出されたが、八～一五平方メートルのものが大半を占めているとされる。同図のように長方形あるいは正方形の碁盤目に近い形状である。

②は滋賀県守山市の服部遺跡（弥生Ⅰ期末）であり、各区画は一〇～二八二平方メートルであり、全体としてほぼ方形の区画が多いが、ゆがんだ形状のものも含まれている。

③は、すでにふれた御布呂遺跡の下層の水田跡（三～四世紀初め）であり、全体としてゆがんだ方形（平均三〇平方メートル前後）であって、西側部分には不明の区画が多い。

④は③と同じ場所の上層に検出された六世紀初頭の水田跡であり、三～五平方メートルの著しく小区画の水田群からなる。やや太い畦畔に囲まれた四つの大区画ごとに、小区画の水田跡が異なった方向の碁盤目として形成されている。

図1-1　さまざまな水田区画の遺構

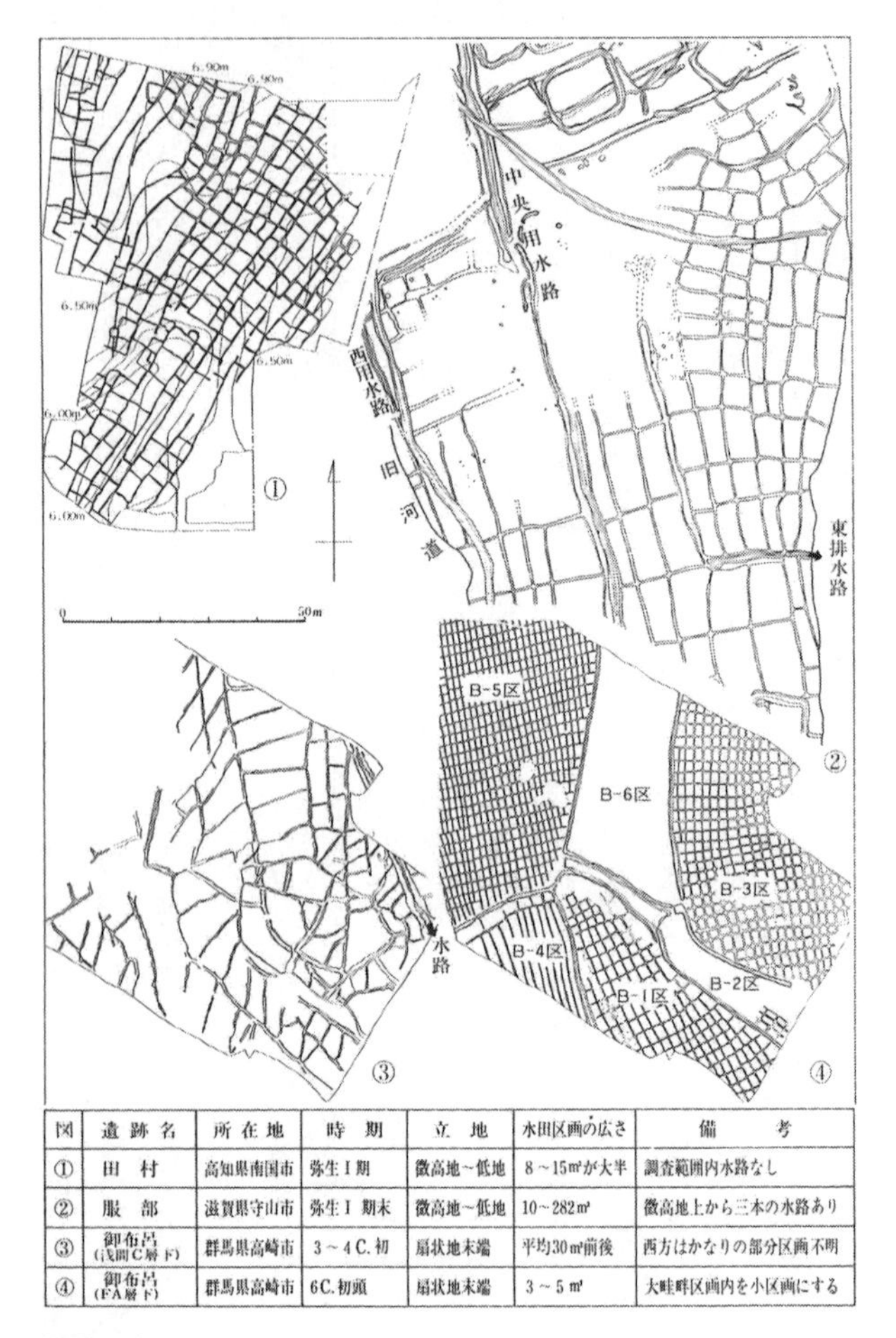

図	遺跡名	所在地	時期	立地	水田区画の広さ	備考
①	田村	高知県南国市	弥生Ⅰ期	微高地～低地	8～15㎡が大半	調査範囲内水路なし
②	服部	滋賀県守山市	弥生Ⅰ期末	微高地～低地	10～282㎡	微高地上から三本の水路あり
③	御布呂（浅間C層下）	群馬県高崎市	3～4C.初	扇状地末端	平均30㎡前後	西方はかなりの部分区画不明
④	御布呂（FA層下）	群馬県高崎市	6C.初頭	扇状地末端	3～5㎡	大畦畔区画内を小区画にする

（出所）工楽善通による

この①〜④の状況からすれば、時期が相対的に早い服部遺跡や、下層の御布呂遺跡の方が、区画の面積が相対的に大きく不ぞろいであった。先に紹介した登呂遺跡でも、その後の補足調査を含めて区画が相対的に大きかったことが確認されている。ただし、時期が早くても田村遺跡の区画は小さく、しかも碁盤目に近い。また田村遺跡には調査地区内に水路が検出されていないが、服部遺跡では三本の水路が見つかっている。

これらの弥生時代から古墳時代にかけての一枚一枚の水田跡は、水田耕作の単位として平坦化された単位であったことは間違いない。その意味で土地利用単位であったことは確実である。しかし権利関係など、それ以外のどのような単位であったのかは必ずしも明瞭ではない。

ただし、御布呂遺跡（上層）のように大区画とその中の小区画がある場合、大区画が労働力編成の単位であったとか、権益の単位であったとかの想定は可能である。さらに、一定の規則性を持った方格の区画を築造していることは、何らかの意図が働いていたものであろう。ただし、それが用益権や所有権と関わっていたのかどうかは不明としておかざるを得ない。

ここでは、水田耕作が一枚一枚の水田を平坦化する必要があること、それが田村遺跡や御布呂遺跡（上層）のような小区画の碁盤目状となった場合があったことは確認しておきたい。なおこれらの小区画の水田跡は、全体として小区画水田遺構と呼ばれていることが多い。

このような小区画の水田跡は、九州から東北の青森県に至るまで広く検出されている。特に青森県垂柳(たれやなぎ)遺跡（南津軽郡田舎館(いなかだて)村）で弥生時代中期（Ⅲ期）の水田跡六五六枚が検出された。ほぼ方形の水田（調査の東区で平均一一平方メートル、中区で九平方メートル、西区で四平方メートル）が、やはり碁盤目状を呈していた。このような遺跡分布は水田稲作展開の時期と範囲を示す貴重なものであろうが、形状の類似性も興味深い。

これらの例から知られるように、弥生・古墳時代における水田の形状は、少なくとも耕作の単位として、すでに碁盤目を志向する場合があったことを確認しておきたい。

ここに紹介した弥生・古墳時代の小区画水田には、方格を志向した兆しが確かにみられる。しかし、それが土地利用の単位であることは確実であるものの、用益や所有の単位などと、どのような関係であったのかについては、すでに述べたように明確ではない。

不規則な形状の棚田

弥生・古墳時代の水田には方形の碁盤目を志向した場合があったが、それらの所在地は地形条件からすれば、自然堤防背後の後背湿地や扇状地扇端付近の平坦な低地であった。現在でも水田地帯は、このような地形条件の部分を中心に広く展開している。しかし同時によく知られているように、山麓などの傾斜地には棚田（たなだ）と呼ばれる水田地帯が造成されていることが多い。

写真1－1は、内成（うちなり）の棚田と呼ばれる、大分県別府市の山麓に展開する棚田地帯である。四二ヘクタールほどの浅い谷に、この写真のような約一〇〇枚の小さな水田がある。湛水（たんすい）を必要とする一枚一枚の水田は平坦に造成されているが、それらの形状は山麓の地形に沿って極めて不規則である。平地の水田に比べるとそれぞれの面積も狭い。

このように棚田あるいは棚田地帯とは、一枚一枚が非常に小さく不整形な水田が、傾斜地にひな壇状に集まった水田群である。山麓付近のみならず傾斜地で用水が得られる場所であれば棚田が形成されている場合が多い。「姨捨の棚田」（長野県千曲市八幡）のように比較的古くから、名所としてよく知られた場合もあれば、「蕨野（わらびの）の棚田」（佐賀県唐津市）のように二〇世紀に入ってから、北九州の炭田開発に伴った食料需要の増大に対応して造成されたものもある。

いわゆる地すべり地域にも棚田が造成されていることが多い。地すべりによる土地の移動

写真1-1　内成（大分県別府市）の棚田

は、通常、年に数ミリ~数センチメートル程度であるが、地震の際などに棚田の壇をつくる土羽（どは）や石垣が崩れたり、棚田の底が割れたりするなどの災害に結びつくこともある。

しかし一方では、地すべりによってなだらかな傾斜地がつくられ、地すべりの原因でもある地下水が豊かであり、土地が肥沃であることが多く、水田造成に適している面もある。能登の「白米（しろよね）千枚田」（石川県輪島市）や新潟の頸城（くびき）丘陵各地の棚田（新潟県十日町市や上越市）など、積雪や雨量の多い北陸や日本海側にしばしば棚田地帯が見られる。

長野県に接する岐阜県側にも棚田がある。県東南部を西に流れる木曽川へと、北側から流入する支流の一つに中野方川があり、さらにその支流である坂折川流域の山麓斜面（標高四一〇～六一〇メートル）は、典型的な棚田地帯（恵那市中野方町坂折地区）である。平成九年（一九九七）に、筆者が学生とともに調査をした時点では、耕作されている水田が、調査範囲に四六八枚（一枚平均が三〇四平方メートル）あり、その総面積は一四ヘクタール強であった。

この地域には明治七年（一八七四）の一筆絵図面があり、それによれば七一三枚（平成九年の約一・五倍）に及ぶ棚田が存在し、一枚平均の面積は一七一平方メートルに過ぎず、総面積は一二ヘクタール強であった。

聞き取り調査によれば明治から平成のこのような変化は、個人的な畑の水田化作業による水田総面積の増加（約二ヘクタール増）と、やはり個人的な水田区画の統合と平坦化による一枚ごとの面積増（平均七八パーセント増）の結果であった。この過程によって、水田の枚数からすれば三〇パーセント以上の減少となったものであった。

この坂折地区の一つの小字が坂折である。図1－2は明治一八年（一八八五）の小字坂折の地籍図に描かれた水田などの分布状況の概要である。特に、同図に白く表現されている水田部分の区画境界が、点線の場合と実線の場合があり、点線が多いことに注目したい。小字坂折は七四七～八〇一番の地番（計五五筆）からなっているが、同図の水田枚数は地筆数よ

図1-2　明治18年の小字坂折の地筆と水田

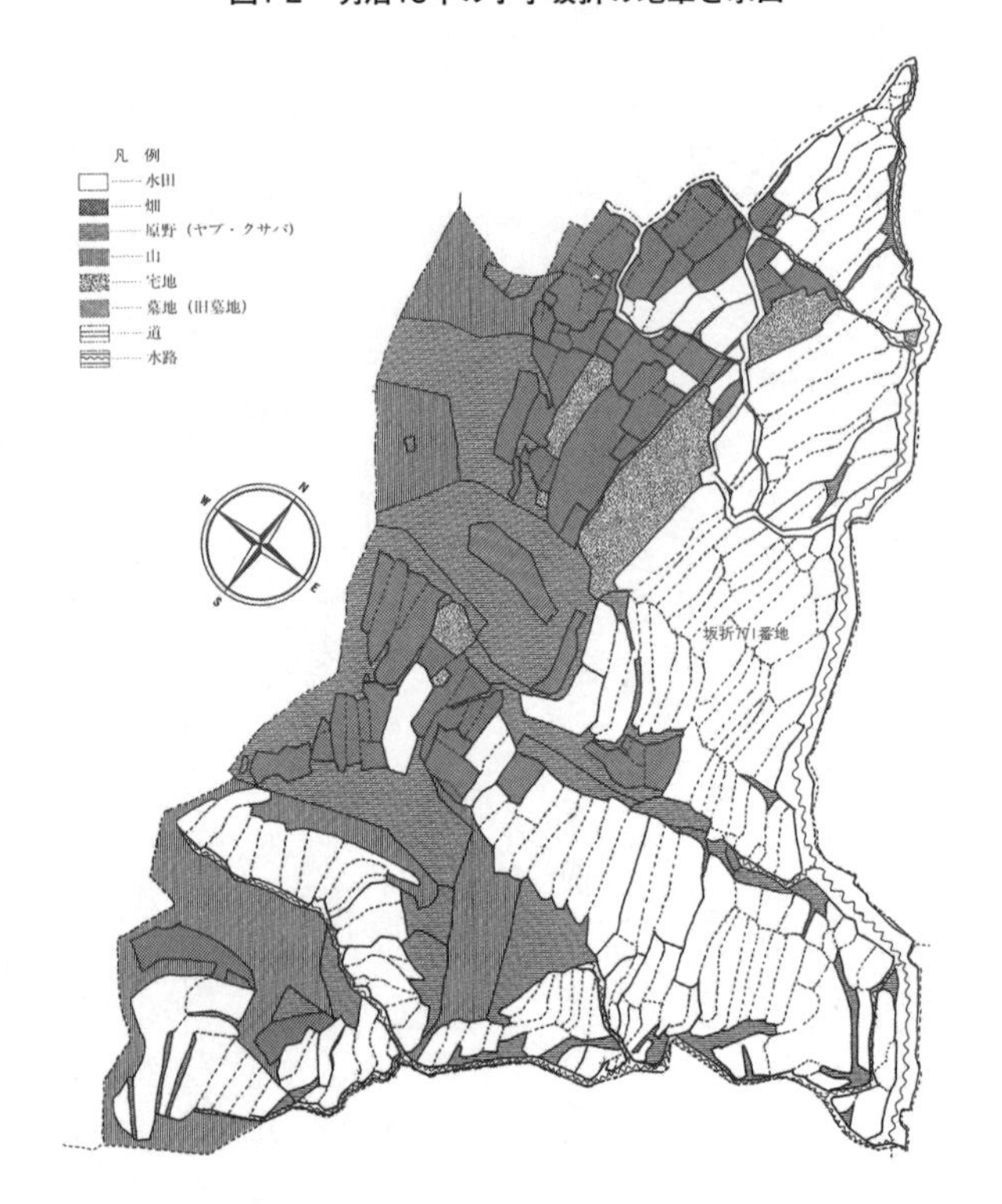

（出所）『石積みの棚田』（恵那市教育委員会編・刊）

りはるかに多い。

明治七年の一筆絵図面によれば、例えば坂折地区の七七一番の地筆は、「持ち主 柘植太郎八、田反別弐町七畝拾八歩 八拾九枚」からなっていた。図1－2に「坂折771番地」と記入した付近である。坂折地区一帯では、各地筆は所有単位を基礎として設定されたとみられ、坂折七七一番の地筆は八九枚の田からなっていたことになる。

一方、明治一八年図（図1－2）では、直線で表現したのが地筆界で、点線が水田一枚一枚の区画を表現したものである。

明治七年と明治一八年を比べると、所有単位である地筆（地番）に変化はないが、明治一八年図には点線で区切られた水田の枚数がかなり少なくなっていた。資料とした地籍図の表現方法による違いの影響はあるかもしれないが、先に述べた、個人的な水田区画の統合と平坦化による区画の拡大過程を反映しているとみるのが妥当であろう。

この過程は明治一八年以後さらに進行し、平成九年には先に述べたように大きく水田枚数は減少していた。この過程において、水田一枚の平均面積はやや増大していた。

棚田はこのように傾斜地という条件に規制されて一枚一枚の区画は小さく、また不規則な形状である。しかも坂折地区では、土地所有の単位である地筆が、土地利用の単位である水田何十枚にも細分された形状であることに注目しておきたい。

扇状地の水田

傾斜地の棚田以外にも、不規則な形状の水田地帯はある。例えば砺波平野の中央部（富山県砺波市）は、庄川の大規模な扇状地からなり、極めて緩やかな傾斜の平野である。庄川の谷口付近の扇頂（砺波市金屋）で標高約一〇〇メートル、約一二キロメートル北側の扇端（高岡市戸出）で標高約二〇メートルという、規模の大きな緩傾斜扇状地である。

弥生・古墳時代の多くの水田跡の所在地が、自然堤防背後の後背湿地や扇状地扇端付近の平坦な低地であったことはすでに述べた。八世紀には庄川扇状地の場合も、東側の扇側部に三カ所、北側の扇端部付近に三カ所の東大寺領荘園が設定され、未開地に選定した一カ所を除いて、それぞれ数十町~百町余の田が存在していた。扇端部に加えて扇側部もまた、相対的に開発が進んでいたものとみられる。

現在の庄川の河道は扇状地東側の扇側部を北上している。この河道（かどう）は天正一三年（一五八六）年に発生した地震による山崩れと、その後の大洪水による河道変遷以後である。それ以前の主要河道は、扇頂から扇央部を放射線状に延びる四本の旧河道として痕跡をとどめてい

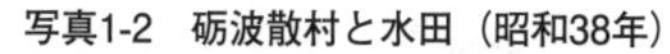

写真1-2　砺波散村と水田（昭和38年）

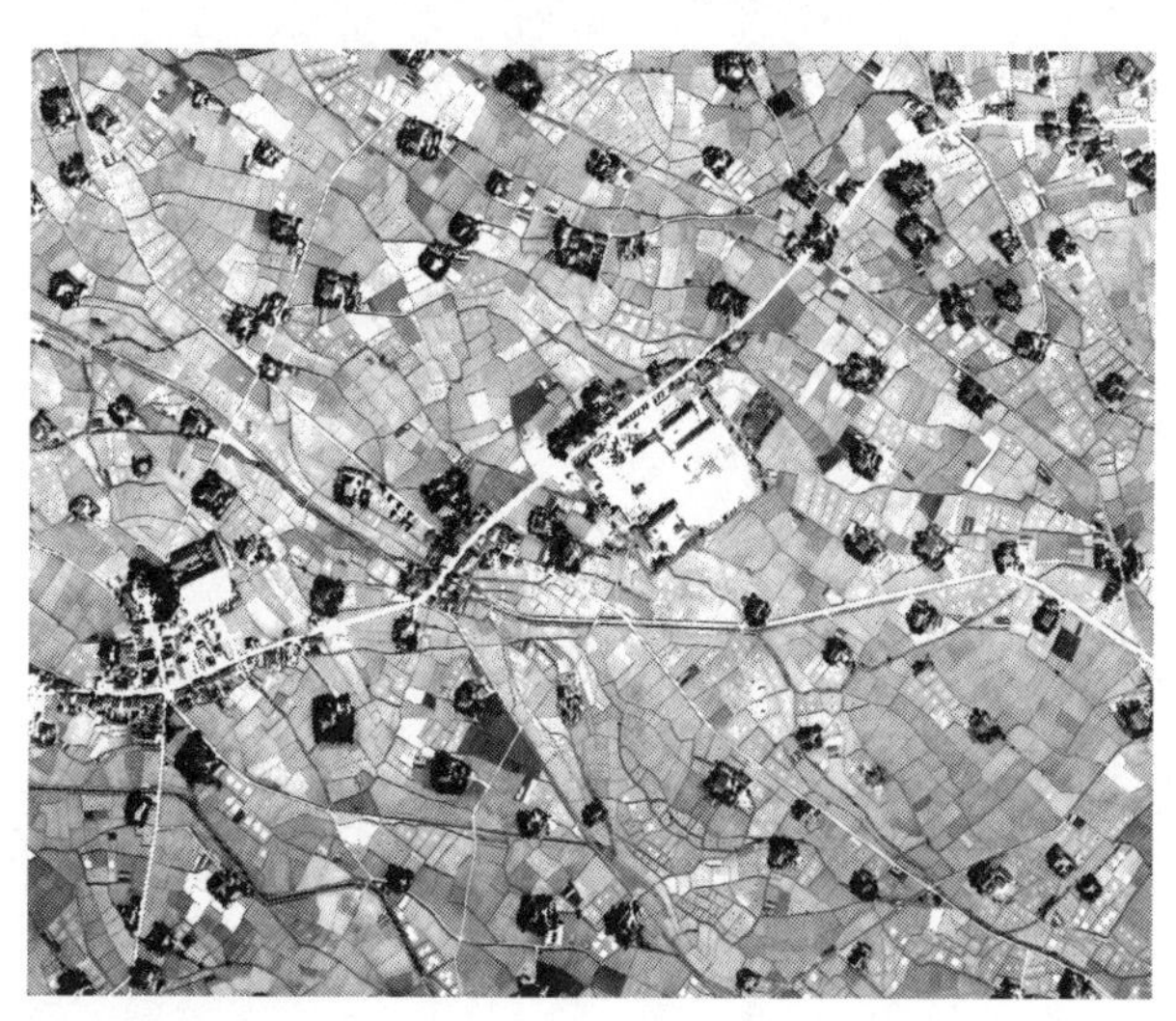

（出所）国土地理院

る。

近世に入ってこの地域一帯（越中国砺波郡）を支配した加賀藩は、庄川新河道に築堤（筋違い堤）して河道を固定した。これによって扇状地上の洪水の発生を抑え、天正の地震のころまで庄川の主要河道であった、新河道西側の千保川跡などの新田開発を進めた。ただし、いわゆる川原石を含む砂利質であった旧河道では、開発には「泥（表土）」がたまるのを待たざるを得なかった。

扇状地の最も西南側を西へ向かう野尻川跡と、西北へ向かう中村川跡は、千保川跡に比べると、相対的に古い段階の旧河道であった。写真1－2は、この両旧河道の中間付近にあたる扇央部の昭和三八年（一九六三年）の空中写真（国土地理院）である。同写真に黒く見える部分（屋敷林、現地で「カイニョ」と呼ぶ）に囲まれているのが農家である。

屋敷林には防風林の機能があったが、それに加えて建材・燃料、果実などを提供する重要な役割を果たしていた。農家はそれぞれの周囲の水田を経営し、一戸一戸が離れて散在しており、砺波散村と呼ばれる景観を呈している。

扇央部の主要な旧河道以外では、同写真のように黒い線にみえる水流が網状に流れており、全体として東南から西北方向へと流下している。扇央部では一般に砂利の堆積が多く、表土の堆積が極めて少ないが、主要な旧河道部分以外では、表土の堆積が相対的に多い部分がパッチ状に分布している。

写真1－2の地区（旧鷹栖村、現砺波市鷹栖）は、このような大小のパッチ状部分が多く、水田化の可能な表土が堆積したところであり、小さな水流から灌漑（かんがい）用水を得ることもできた。つまり相対的に耕地化の条件に恵まれ、近世以前から開拓が行われていた一帯であったが、網状に流下する小流を含め、極めて不規則な形状の水田地帯であった。

この付近では近世初期にはすでに農家が散在していた。慶安四年（一六五一）には加賀藩が、鷹栖村の三一カ所の農家の「持藪」を「御藪（おやぶ）」として選定し、矢竹用の竹の栽培と貢納を命じたことが知られる。それらの農家が、相対的に表土に恵まれた部分に存在していたことも判明している。写真1−2の、黒く見える屋敷林に囲まれた農家の多くがその御藪の所在地であった。

庄川扇状地では、水田の区画が水流に沿った不規則な状況であるだけでなく、白い線状にみえる道もまた水流と同じように湾曲した狭いものであった。なお、写真中央付近に白くみられる大きな区画は高等学校である。

このような網状の小流と不規則な形状の水田は、本州各地の大規模で極めて緩やかな傾斜の扇状地上では各地で展開していた。成立の時期や分布状況はそれぞれ異なるが、静岡県の天竜川・大井川などの扇状地や、岩手県の胆沢扇状地などでも、類似の景観が見られた。

干拓地の水田

狭小な平野からなる日本では、本来水田に適した低地のほかに、さまざまな土地や水面に人工を加えて水田を造成してきた。すでに述べた山麓の棚田造成が一つの方向であったが、そのほかに、浅い海水面を干拓してきたこともよく知られている。

とりわけ九州北部の有明海は、平均水深が二〇メートルほどしかなく、しかも潮の干満差が大きいので、干拓が非常に盛んであった。沿岸で「搦（からみ）」といった名称で呼ばれてきた（「籠（こもり）」の名称も）のが小規模な干拓地であった。

有明海では中世から干拓が行われていたことが知られているが、江戸時代の佐賀藩では五〇〇カ所、約六三〇〇町に及ぶ水田が造成されたという。当時の工法は、次のように多くの人手と時間を要した。

まず、干拓予定地となる浅海において、その海側に松杭を打ち込み、粗朶（そだ）や竹を絡ませる。そのまま五〜一〇年間放置すると、潮の干満とともにこれらに泥土が付着する。そのような状況になった後、干満の水位差があまり大きくない小潮（こしお）の時期を見計らって、干拓をもくろんだ家族ないし村中総出で、付着した泥土の上にさらに土を塗って仮の堤防をつくる。その位置に、松の丸太を三段にしつらえて仮堤防を補強し、丸太の間に土嚢（どのう）を入れ、盛り土をして本堤防とする。これによって満潮時の海水の流入を防ぎ、一方で干潮のたびごとに堤内から排水するのである。

このようにしてできた干拓地の例が図1－3である。同図の申年搦（さるどしからみ）は筑後川と早津江（はやつえ）川と

図1-3　有明海干拓地の水田（大詫間村申年搦）

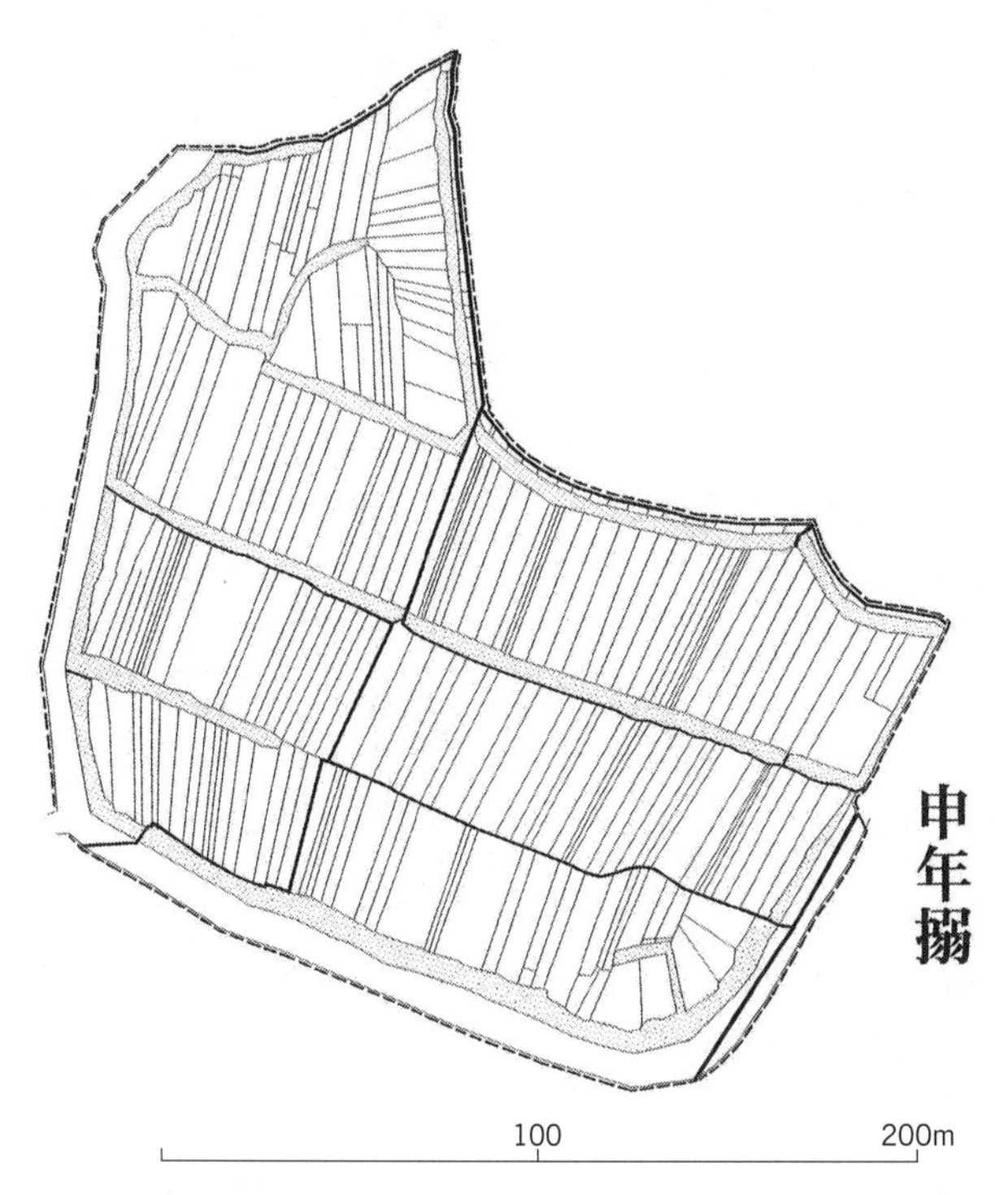

（出所）『佐賀県地籍図集成　八』

の間、旧佐賀郡大詫間村（佐賀市川副町大字大詫間）である。堤防に囲まれたいくつもの水田群からなる規模の大きいものであり、家族単位では造成が不可能であろう。

堤防内の水田はほぼ向きがそろっており、下流側（海側）に向いた長方形の形状である。干潮時の排水に便利であったものであろうが、このような地筆群を囲む堤防は不定形な形状であった。

本州中部の伊勢湾奥でも、中世から干拓が盛んであった。嘉暦二年（一三二七）の円覚寺領尾張国富田荘古図（円覚寺蔵）がその様相を描いている。同図の中央付近（戸田川の中流付近）には、方形の区画が東西に三列、南北に四列描かれ、各区画には「富田里」などの里名が記入されている。この付近は富田荘の中心部分であったと考えられ、「荘園の条里プラン」の状況を示しているが、これについては後に改めて述べる。それらの南には、里が付されていない地名が記された一帯があり、やはり荘園を構成する村落であったものであろう。

さらに南側の沿岸には、これらとは異なって、堤防で囲まれた干拓地と思われる陸地が描かれ、「冨長、福富、江松、松本」などの地名が記入されている。これらのさらに南には、草のような表現や波のような表現があって、伊勢湾の水面であったことを示している。

堤防に囲まれたこれらの干拓地のうち、戸田川西岸に描かれた冨永は愛知県海東郡冨永村

図1-4　伊勢湾干拓地の水田（冨永村）

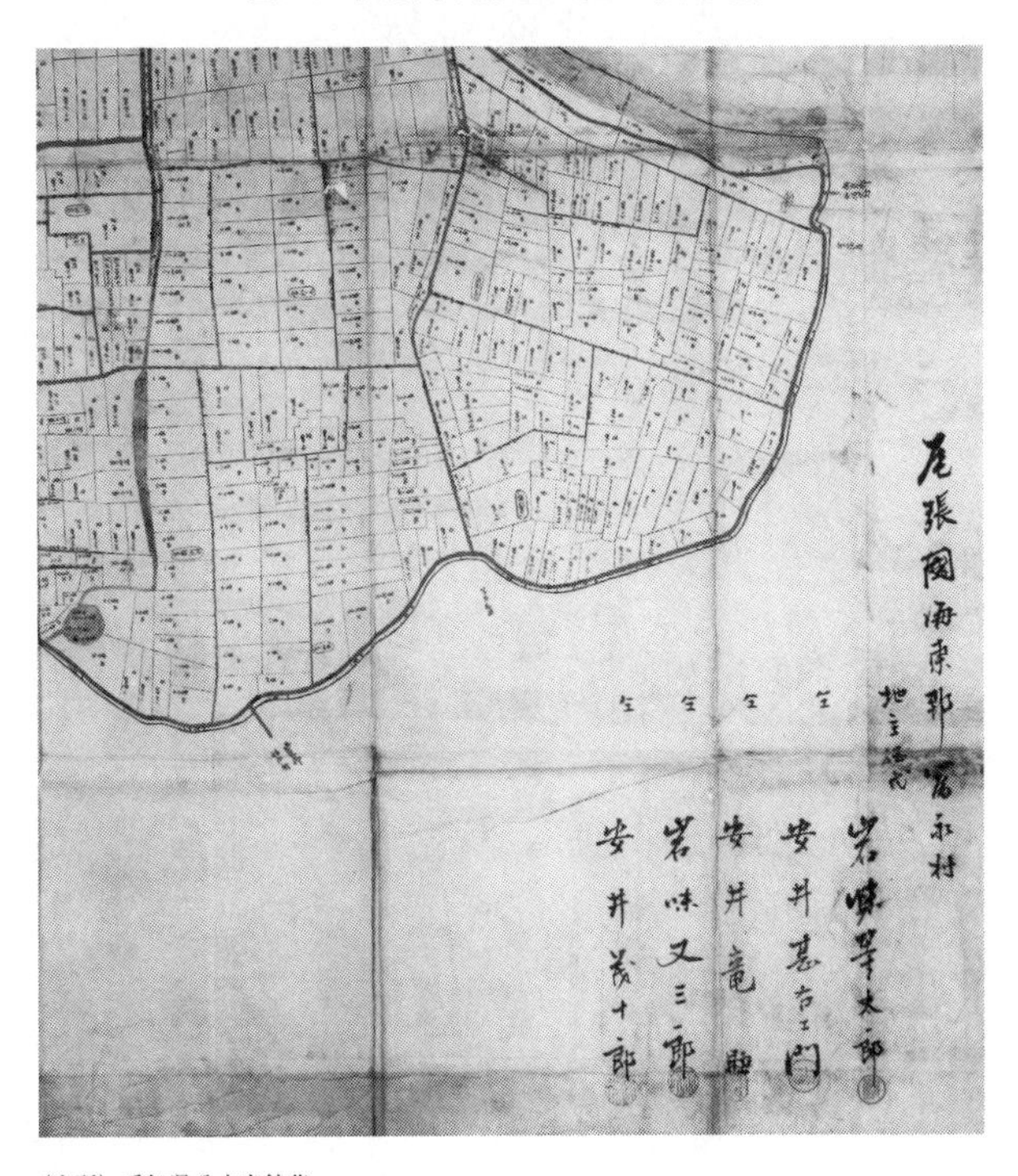

（出所）愛知県公文書館蔵

（現名古屋市中川区）に相当する。明治一七年（一八八四、推定）の地籍図（愛知県公文書館蔵）によれば、同村東南部は図1－4のような状況であり、右上が戸田川、左端が集落である。同図には、戸田川沿いから南・西側にかけて湾曲した道が描かれているが、これは堤防上の道であったと思われ、地籍図では、さらに西へも続いている。

地籍図には、一筆一筆の水田が描かれているが、その形状はほとんど不規則である。ただしこのような旧堤防上の道や地筆の状況は、荘園図が描かれた一四世紀の状況そのままではなく、地籍図が作製された一九世紀までに改変が加えられたものであろう。例えば図1－4中央部付近には、平行する道に挟まれて十数筆ずつの方形の地筆が並ぶが、溝に近い低湿な部分であり、いずれかの段階で再編されたことを予測させる。

いずれにしてもこの地籍図には、少なくとも干拓地全体ないし広い範囲に及ぶ、土地区画の規則性は見られない。基本的に中世の干拓地に由来する土地区画であろう。有明海の干拓地とも共通する状況であった。

畑地開拓の土地区画

棚田や扇状地の水田の形状は極めて不規則であった。ところが畑地開拓の地筆の形状には、碁盤目ではないが、一定の規則的パターンとなっているものがあった。

図1－5は、旧山城国久世郡広野村（京都府宇治市広野町）中心部における、明治初期の土地区画（地筆）と地目（土地台帳登録の宅地・田・畑・山林など）の状況である。明治三三年（一九〇〇）の地籍図では、すでに奈良鉄道（現JR奈良線）の路線建設などによって地番が分筆されているので、各地筆の形状を分筆以前の状況（地番の枝番をなくして地番毎に合体）に戻し、さらに土地台帳によって初期の地目を表現したものである。図1－5の状況が、ほぼ明治初期の地筆と土地利用の状況を示していると考えられる。

当時の広野村は、南北に走る大和街道の両側にほぼ連続して宅地が並び、大和街道の両側には小さな水路が存在した。各宅地の背後には東西に長い短冊二枚を縦に並べたような形の地筆を伴っていたが、宅地に接した地筆の多くは山林・藪（一部は畑）であり、さらにその背後は畑であった。

同図の東南端にある寺院（円蔵院）から本山の興聖寺（淀藩主永井氏が再興した寺院）にあてた、明和四年（一七六七）の口上書（円蔵院文書）には次のように記されている。

当院之義ハ慶安二巳丑年永井信濃守様淀御在城之砌（みぎり）、広野ト申土地ヲ新田開発抜ニ仰付、

図1-5　広野新田の短冊型畑地区画

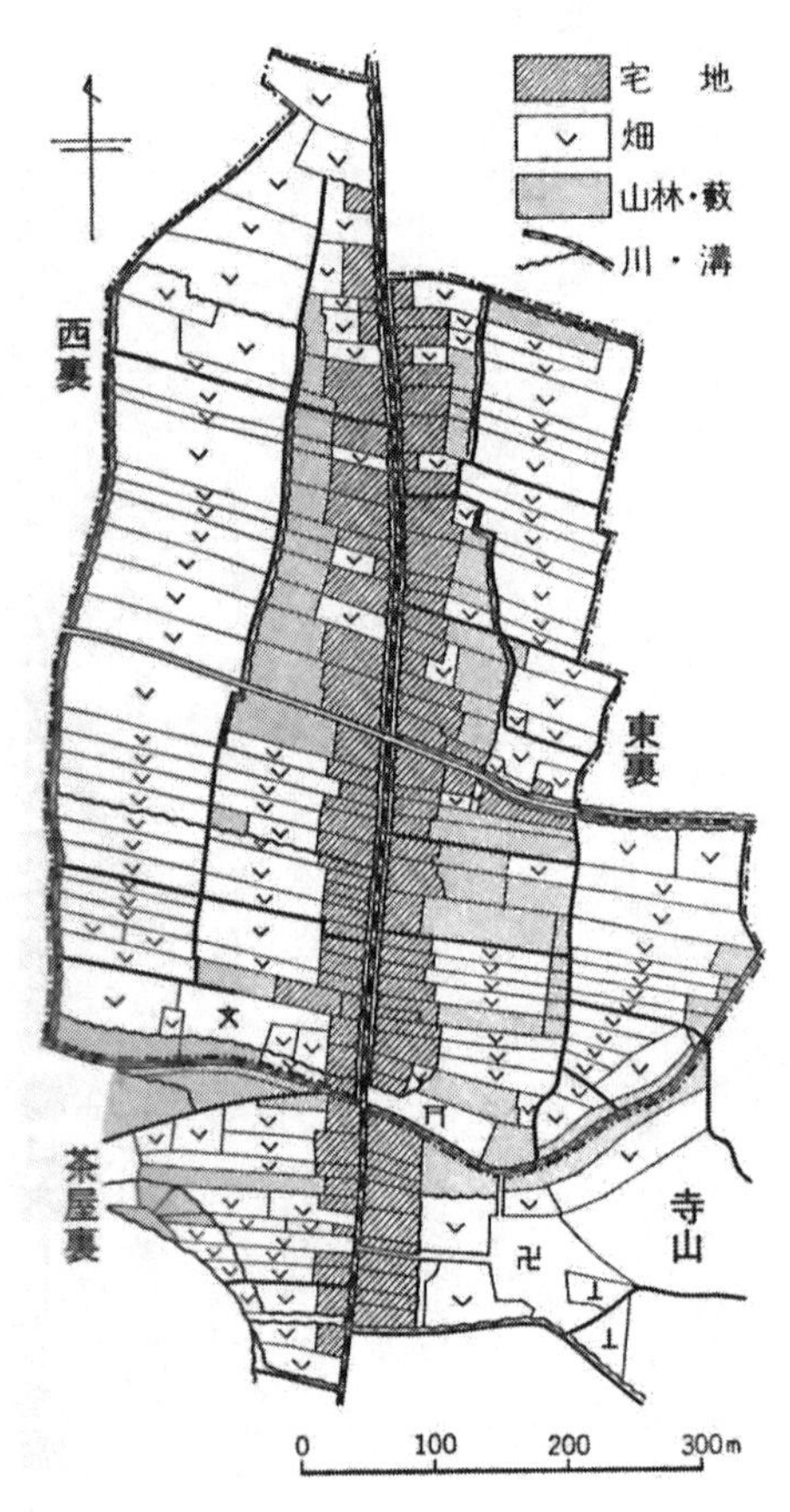

（出所）金田、2008年

近郷ゟ百姓新田江罷出住宅仕候ニ付、為ニ一村一ヶ寺之菩提所一円蔵院御建立披ニ仰付一、（中略）幷当院鎮守神明宮一社勧請披ニ仰付一、（下略）

つまり慶安二年（一六四九年）、永井信濃守の命によって広野で新田開発を行い、近郷の百姓が住んだので、一村の菩提所として円蔵院の建立を命ぜられ、また神明宮（円蔵院の北西方の川向かい）を勧請したという。

この村は、承応二年（一六五三）には「大久保村広野新田」、享保二年（一七一七）に「広野村」と表現されている。享和三年（一八〇三）の免状には、村高七七二石一升三合に加え、新田四〇石二斗六升四合（いずれも円蔵院文書）が記載されているので、開発そのものは断続的に進行したものであろう。

明和三年（一七六六）の除地水帳（円蔵院文書）には「門前屋敷」（図1－5東南部の川寄り南）一五筆の間口が記され、集計すると五～六間幅が二軒、六～七間幅（三間九寸幅のもの二筆を一筆分として算入）が八軒分、七～八間幅が二軒、記載なしなど二軒である。幅約六間（約一一メートル）がもともとの基本の間口であった可能性がある。

しかし、明治九年（一八七六）の字東浦（図1－5の東北部）丈量図（宇治市蔵）によれば、三六筆からなる宅地のうち五～六間幅が四筆、六～七間が九筆、七～八間が八筆、八～九間が一〇筆、九～一〇筆が五筆であり、平均ほぼ七・五間（一三・五メートル）となる。宅地背後に短冊型の地筆を伴わない円蔵院門前が幅約六間であり、短冊型かその二枚分の長さの畑・林地などを伴った新田部分が幅約七・五間であったとみられることになろう。ただし、配分の基準は不明である。

図1－5の地筆には、当初の開拓地の二倍幅や半分幅の地筆がみられ、明治初期に地番が設定されて地筆が確定するまでの間に、隣接地筆との合併（買取か）や分割（相続や売却か）が行われたことを反映しているものであろう。この地筆は土地所有および土地利用の単位としての土地区画であった。

明治五年（一八七二）の広野村の戸数は一五七戸、一戸当たりの畑地・林地が六反二畝（〇・六ヘクタール強）であった。もともと隣接した大久保村からの入植者が多かったことや、主要街道沿いであったことを考慮に入れないと、新田村として独立して存立するための経済基盤としては小規模である。

広野新田は広野と呼ばれた台地上の開拓地であり、台地上に灌漑用水はなく、水田化はできなかった。その結果、畑地開拓とせざるを得なかった条件の土地であった。大和街道沿いに宅地が並び、宅地の隣接部には、燃料・肥料採取用の山林・藪があった。畑地は水田のように平坦化する必要がなかったので、割り当ての宅地からその幅で背後へと開拓を進めたものであろう。

広野新田の土地区画は、図1－5のような幅約一三メートル、長さ一〇〇～二〇〇メートル（面積〇・一三～〇・二六ヘクタール）の類似パターンである。このような土地区画の形状が成立したのは、永井氏の下における開拓による。永井氏自身によるものか担当者によるものかは不明であるが、いずれかの方針ないし裁可によって開拓方法が定められていたことによるものであろう。

類似の形状の畑地開拓の新田は、武蔵野台地上に数多くみられる。永井氏は上総国潤井戸藩主、下総国古河藩主を歴任しており、関東に多い畑地開発の手法を取り入れた可能性がある。

木村礎らの整理によれば、関東では武蔵国多摩郡や入間郡などで、慶長一六年（一六一一）開発の青梅新町以来、数多くの畑地開発が行われた。入間郡中富（なかとみ）村（所沢市、埼玉県指定文化財「三富（さんとみ）開拓地割遺跡」）は畑地新田の典型的な土地区画をよく残している。これらもまた台地上の開拓であり、飲料水の確保にも井戸を開鑿（かいさく）する必要があるほどであった。当時、灌漑用水は得られず、水田開発は不可能であった。

元禄七年（一六九四）、加増されて川越藩主となった柳沢吉保は、近傍の二九カ村による入会地であった地が川越藩領とされた際、家老であった曽根権太夫貞刻に命じて武蔵野台地の開拓に着手した。

開拓に際して、まず幅六間（一〇メートル強）の道路をつくり、その両側に入植者を配置した。中富では、一戸当たり道路沿いの間口幅四〇間（約七二メートル）、奥行き三七五間（約六七五メートル）の長大な開拓用地を割り当てた。先に紹介した、山城国久世郡における狭小な土地区画の広野新田と異なり、一戸当たり約五町（五ヘクタール）に及ぶ。

同年五月に開拓地の検地が行われ、上富（かみとめ）村（六三戸）、中富村（四〇戸）、下富（しもとみ）村（四九戸）が成立した。三富とは、この三村の総称である。

中富村は、元禄九年（一六九六）の検地によると上畑二三町六反弱（一一パーセント弱）、中畑三〇町余（一四・五パーセント）、下畑八四町弱（四〇パーセント弱）、下下畑七三町弱（三五パーセント弱）、屋敷二町（一戸当たり五畝〈約一〇〇平方メートル〉）であった。現在でも道路沿いの屋敷には屋敷林があり、かつては主として燃料や肥料の採取用であった。

三富新田の長大な土地区画は、開拓に際して割り当てられた単位であり、所有単位となった。明治初頭以後は地番の単位でもあったが、土地利用単位はそれをいくつにも分割した長方形であった。

中富と隣接する上富（二区）では、犬井正による一九八〇年の調査結果があり、図1―6のような地筆の状況及び土地利用であった。長大な長地型の地筆が細長く細分されているのみならず、それらがいくつもの長方形に区分されて、さまざまな畑作物が栽培されていた。道沿いの宅地には屋敷林があり、宅地から離れた長大な地筆の奥にも平地林が残されている。

畑や山林などの土地利用の配置は広野新田とやや異なるが、類似する点も多い。また、規模は大きく異なるが、全体の形状と林地の存在は類似する。地筆は配分されて開発された所有の単位であり、土地利用の単位はすでに述べたように、それを小さく区分した長方形である。

三富新田の場合も開発主導者（この場合、藩主ないし家老）による全体方針ないし裁可が存在したこと、そして何より台地上の畑地開拓であったことが、このような長大な土地区画成立の要因であった。

図1-6　三富新田の地筆と土地利用

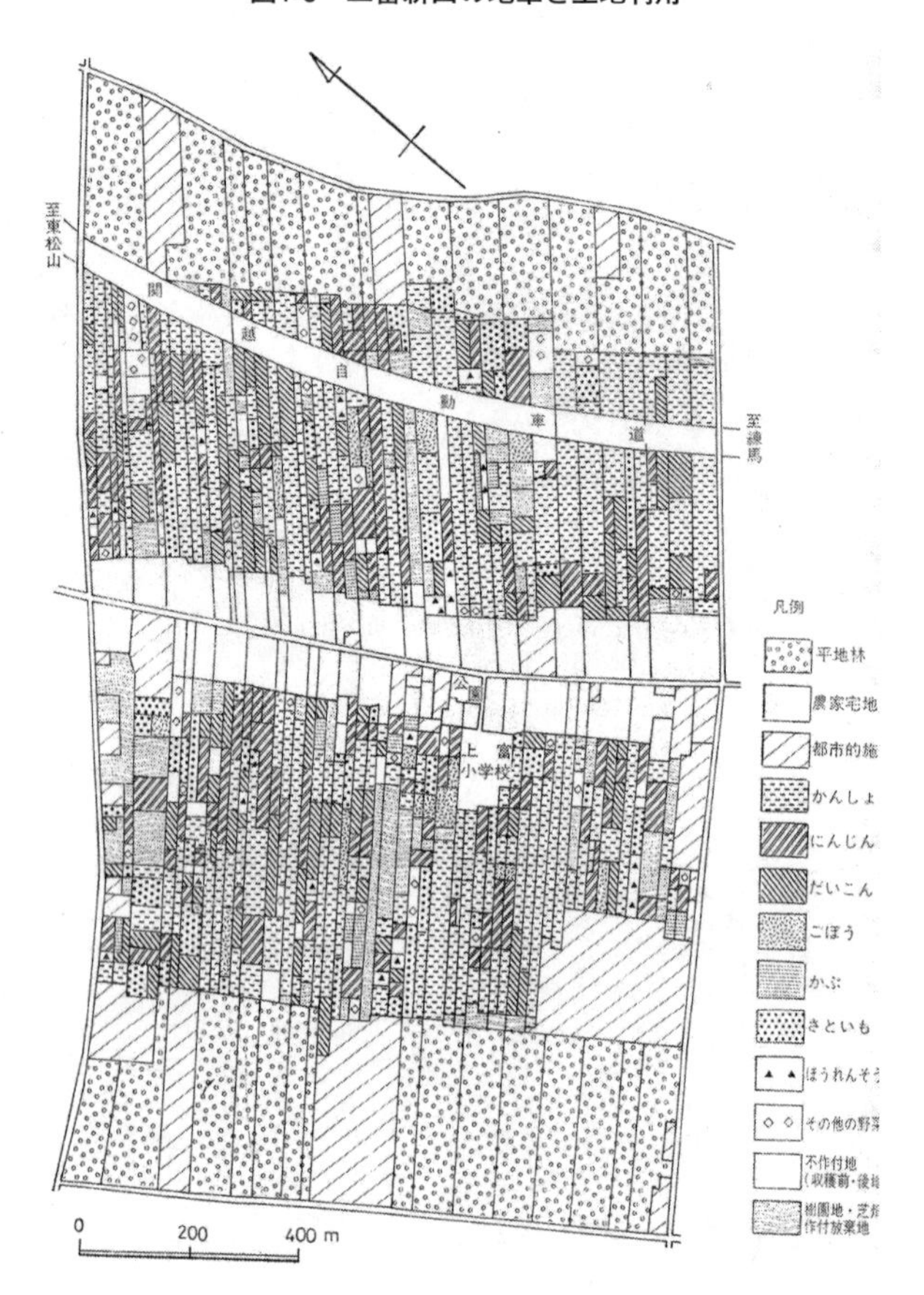

（出所）犬井正による

何が土地区画を規定するのか

いくつかの特徴的な土地区画を紹介してきたが、それらの形状は多様であった。まず、地形条件が低地か扇状地か、あるいは山麓などの斜面か干拓地かとさまざまであった。さらに、土地利用が平坦化を必要とする水田であるか、そうでない畑を基本としているかによっても大きく異なった。

また、古墳時代以前、あるいは中世ないし近世といった成立の時期の違いや、全体の開拓計画や造成方針によるものか、個々の個人的造成によるものかといった土地区画形成の経緯によっても形状が異なる。それだけではなく、土地区画を規定した要件（所有権、用益権、土地利用単位）もさまざまであった。

何らかの規則的な形状としては、①碁盤目を志向したとみられる、低地における弥生・古墳時代の小規模な水田区画と、②道路沿いに短辺を向けた、長大な長地型の地割列を呈する、台地上における近世の畑地区画があった。

ただし、①とした弥生・古墳時代の小区画水田には不規則な土地区画（次の③）のものもある。碁盤目を志向した小区画は土地利用単位であることは事実であるが、それ以外の成立要件は明らかでない。これに対して②は、開拓方針に基づく割り当て単位であり、同時に開拓単位であった。これは所有権・用益権の単位に直結したが、土地利用単位ではなかった。

③不規則な土地区画の方は、扇状地上の開拓地や、山麓などの傾斜地の棚田などの例が典型的である。個人的造成による開拓作業単位であって、平坦化を必要とする土地利用単位でもあったが、もともと土地所有権や用益権の単位であったかどうかは不明であった。

これらのほかに、④干拓地における水田の土地区画がある。干拓の単位や主体とは別に、全体の外形は不整形であっても、排水・土地利用などの単位として短冊形に近い形状の地筆が並んだ様相であった。

このように見てくると、土地区画を規定してきたのは、地形条件や開拓方法ないし方針、あるいは土地利用単位と、それらを規定した所有権や用益権の単位である。

特に所有権の確定は、何よりも開拓方法・方針による違いが大きいが、最終的には明治初期における、制度上の地番・地筆の再確定作業の方針によった。この時点で、地番を設定し、地筆を確定した際には、類似の景観であっても土地所有単位を優先した場合（図1―2、明治一八年の小字坂折の地筆と水田）があった。一方で、次のように土地利用単位を優先した場合もあった。

図1-7　島畑地帯の地筆と土地利用

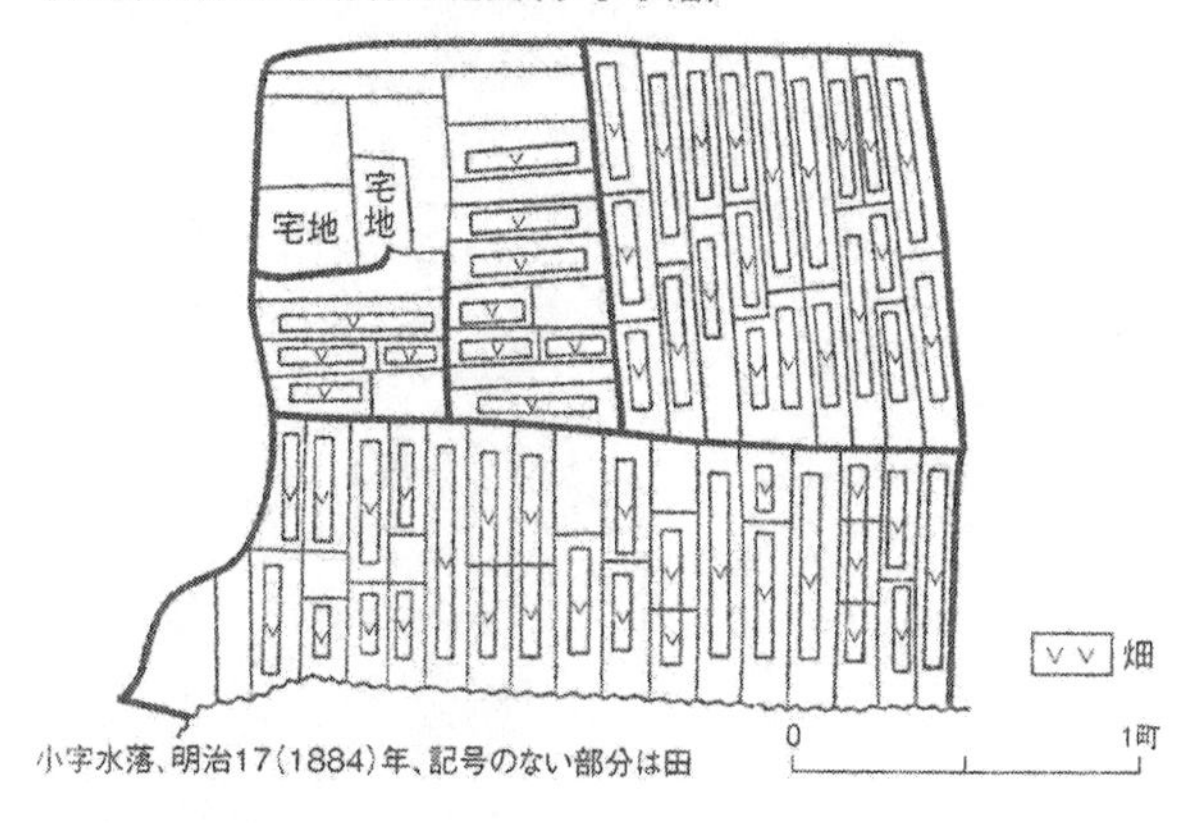

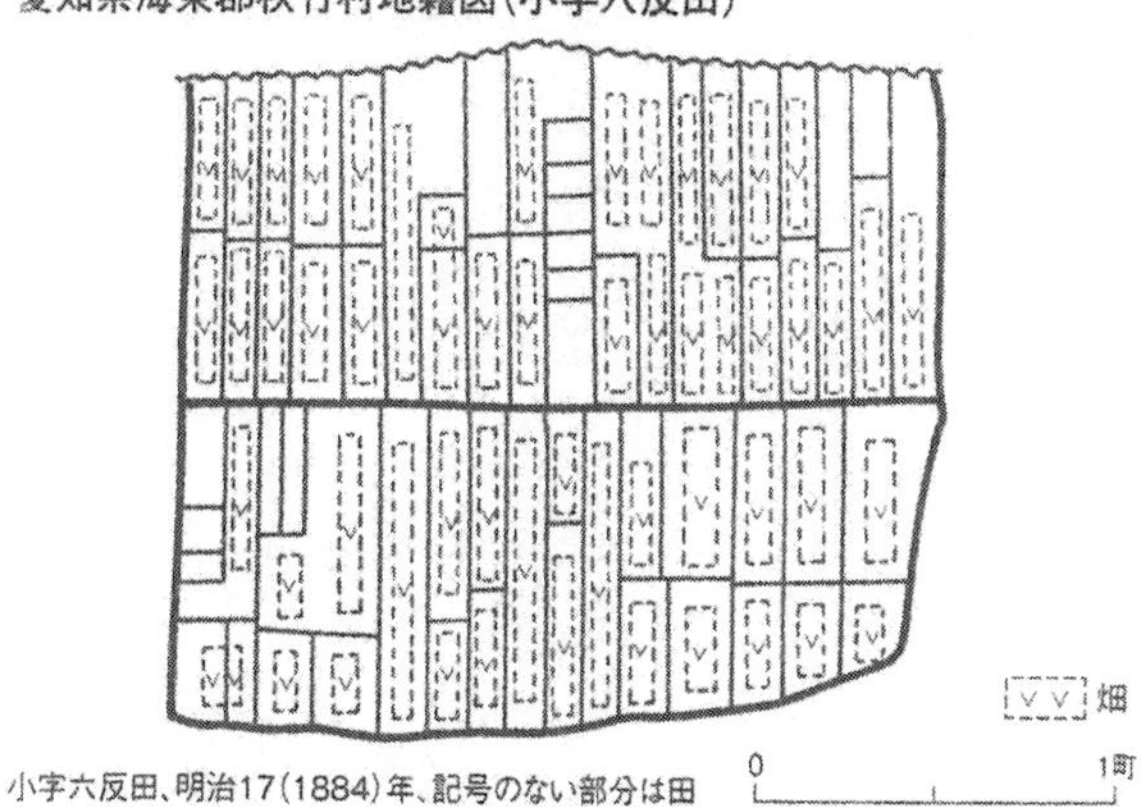

ともに明治17年(1884)。いずれも読み取り図。記号のない部分は田。土地利用としては同一のパターンであるが，地筆の認定の基準が異なる。

（出所）金田、2017年

例えば愛知県では、水田一枚一枚の中に島畑と呼ばれる畑地があり、一枚の水田と畑の所有者は同一であったことが多い。このような場合に、水田と畑を一体として一筆とした場合も、別々に地筆とした場合もあった。さらに何枚かの水田を所有者単位で一筆とした場合もあった。いずれにしても、地籍図上の地筆の形状は異なるが、景観からすればよく似た形状であった（図1－7参照）。

本章で紹介してきたように、土地区画の成立要因や形状は多様である。不規則な形状もあれば碁盤目に近いものもあり、また特異な形状のものもあった。

このような多様性を踏まえた上で、小著の課題である碁盤目の土地区画について次章以下において検討したい。

第 2 章

碁盤目区画の成立と展開

古代都市の方格プラン

日本の古代都市における碁盤目状の街路と方形の外形、言い換えると方格プラン（方格の平面形）の完成形は平安京であり、碁盤目の都市プランであった。「はじめに」において例に挙げた、現在の京都の原形であることは言うまでもない。

平安京の街路と「町（ちょう）（街区）」について、『延喜式』（延喜五年〈九〇五〉～延長五年〈九二七〉に編纂）は次のように記載している（『国史大系』、割注省略）。

京程
南北一千七百五十三丈
　北際幷次四大路、広各十丈
　宮城南大路十七丈
　次六大路各八条
　南極大路十二丈、羅城外二丈、路広十丈
　小路廿六、広各四丈

町卌八、各卌丈
東西一千五百八丈
自二朱雀大路中央一東極外畔七百五十四丈
朱雀大路半広十四丈
次一大路十丈
次一大路十二丈
次二大路各八丈
小路十二、各四丈
町十六、各卌丈
右京准レ此

東西一五〇八丈（約四・五キロメートル）、南北一七五三丈（約五・二キロメートル、割注に一七五一丈でないかとの疑問を付す）で、朱雀大路の幅が半分で一四丈（全幅で二八丈）を例外として、大路が幅八丈ないし一〇〜一七丈、小路が幅四丈であった。これらに囲まれた町が、一辺四〇丈（約一二〇メートル）の正方形であったこと、それが左京・右京それぞ

写真2-1　平安京1000分の1復原模型

（出所）京都市作製

れ、東西に一六（計三二）、南北に三八並んでいたことなどを記載する。

平安京全体を復原すると、写真2－1（一〇〇〇分の一復原模型、京都市一九九四年作製）のような碁盤目状の都市プランで、北部中央に平安宮（大内裏とも）があった。

基本となる街区はすべて、大路ないし小路に囲まれた四〇丈四方の正方形であり、「町」と呼ばれた。町の区画が東西南北に四区画ずつ並び、「坊」と呼ばれる正方形を構成した。坊は四周を大路に囲まれ、東西の坊列が「条」と呼ばれていた。

平安京東半の左京では坊の西北隅から南へ一町〜四町、次いで東へ折り返して北へ五町〜八町、これを繰り返して番号を付し、東北隅が一六町であった。西半の右京はこの対称型であった。このように方格の形状がそろっていたことが、先に方格プランの完成形と称した最大の理由であり、この点では典型的な碁盤目である。

『延喜式』左右京図（九条家本）には、基本的にこの町の区画を単位とした官司（役所）や高位者の邸第（ていだい）が数多く描かれている。また同時に町は、東西に四等分、南北に八等分され、町の三二分の一（一〇丈〈三〇メートル〉×五丈〈一五メートル〉の長方形）が宅地の基本単位となっていた。これが一戸主（へぬし）と呼ばれ、京戸（京に戸籍がある戸）と呼ばれた庶民に分与される宅地であった。

この宅地割について、『拾芥抄（しゅうがいしょう）』（一三世紀末に原形ができた故実書）には「一町之内有二四行、一行之内八門一、一戸主、長十丈広五丈」と記述され、四行八門（しぎょうはちもん）と呼ばれた。

平安京は延暦一二年（七九三）から建設が始まった都であったが、それに先立った長岡京（七八四〜七九三）も同じように、町の区画は道路敷を含まない正方形であったことが、発掘調査によって知られている。

しかし、長岡京以前の平城京では、町に相当する街区は「坪」と称された。平安京と類似規模の方形であったが、隣接する街路幅が街区から割かれていたため、それぞれの坪は正確な正方形ではなかった。街路幅が異なったために坪によって形状・大きさに違いが生じたのである。加えて発掘調査によって、坪の八分の一を基本としていた宅地の規模が、北部中央の平城宮から南へ離れるに従って、これより小さい区画の比率が増したことが知られている。最小は三二分の一であった。しかも八分の一以下の小規模な宅地は、平城京の後半の時期に多いという。

さらに平城京に先立った藤原京でも、東西南北方向の直交する街路に区画された街区からなっていた。方格プランであったことは共通するが、やはり平城京と類似の街路幅を除いた規模の街区であったとみられている。藤原京の時期（『日本書紀』〈持統五年〈六九一〉条〉）には、右大臣が四町、以下位階によって、二町、一町といった宅地面積の規定を記している。小規模な単位は、無位の「上戸一町」「中戸半町」「下戸四分之一」などとしているので、戸口数の少ない下戸であっても、平安京の四行八門の一戸主より、八倍ほども広い面積であった。

このように古代都市の方格プランは、いずれも東西南北に直交する街路で構成されていたが、次第に街区の規則性を高めた。宅地は藤原京で中戸半町、下戸四分の一と規定されていたが、平城京が過渡期となって宅地の規模が小規模となった。平安京では町が四行八門に分割され、三二分の一が最小単位として設定された。平安京では街区そのものも厳密な正方形となり、その意味で碁盤目型の完成でもあった。

この背景には、藤原京・平城京・平安京と、次第に都への権力中枢の集中が進むようになって高位の貴族・官人の邸第が増加し、同時に無位の京戸の人口もまた増加したことが背景にあろう。

平安京の時代、伊勢の斎宮（さいくう）（三重県多気郡明和町）でも碁盤目の区画が設定された。斎宮とは、伊勢神宮に奉仕した斎王（もともと未婚の皇族女性が務めた）の内院（斎王の居所）と、管理にあたる斎宮寮からなる官衙（かんが）で、九世紀に最も整ったと考えられている。

九世紀頃の斎宮の全体は、ほぼ東西南北方向の碁盤目の区画道路に画された区画（一辺一二〇メートル）が、東西七区画、南北四区画からなる長方形であった。中央東南寄りの二区画分が内院であった。各区画の規模は平安京の町の区画に類似する。斎宮は斎宮寮の官衙であり、斎宮寮は一一（後に一三）の司からなり、職員数は総計五一〇人に上った（『延喜式〈斎宮式〉』）。斎宮は全体が官衙の区画であったと思われるが、西北部の四区画分は薬園（「薬部司」管轄）および牧（「馬部司」管轄）であったと考えられている。

なお八世紀ごろの施設は、この地区の西南隅付近に確認され、発掘調査が進められているが、まだ全貌は不明である。

碁盤目の土地区画は、一〇世紀中頃の大宰府でも施行された。職員令（八世紀の養老令の内）によれば、大宰府は帥（そち）～少典（しょうさかん）の四等官一二人を定員とし、西海道（九州）の中心であったとともに、外交を担う大規模な官司であった。

八～九世紀には明確な方格プランを確認することができないが、藤原純友の乱（天慶四年〈九四一〉）の被害を受けた後の一〇世紀中ごろに、大宰府は明らかに碁盤目の土地計画を有していた。面積八段（約一ヘクタール）の「坊」と呼ばれた正方形（一辺約一〇〇メートル）を単位とし、「左郭」と「右郭」それぞれに、中央から東と西へ「一～一二坊」、北から南へ「一～二二条」と番号が付されて、所在地を表現した。平安京の条坊プランとは異なった規模と名称を持つ、特異な碁盤目の条坊プランが成立していた。

このように、平安京の時代における碁盤目への志向、さらに碁盤目の完成とその展開が確認される。

平安京型を古代都市の方格プランの完成形とすれば、その過渡期でもあった平城京の時代には、農地の方格プランについても大きな画期があった。次には、農地の区画における碁盤目への動向をたどってみたい。

土地計画と土地表示法の変遷

大宝元年（七〇一）施行の大宝律令では、その中の田令に班田収授が定められていた。六歳以上の良民（一般人、公民とも）の男に二段、女にその三分の二の班田を行い、死ねば次の班田の際に収公する、というものであった。班給された「田（耕地、水田・陸田〔畑〕など）」は口分田と呼ばれた。奴婢にはそれぞれ、良民男女の三分の一であった。

班田そのものは、すでに白雉三年（六五二）の施行例があり、持統六年（六九二）には六年一班（六年ごとに班田収授）が始まっていた。

田令ではさらに、「給し訖らば、具に町段及び四至を録せ」としていることに注目したい。口分田のみならず、ほかにも寺領や社領、位田や職分田（位や役職に応じて配分される田）などがあったが、それらの所在地はすべて、面積と四至（東西南北の境界）で記録せよ、という規定である。

しかし、この表示法はやがて変化し、各区画に規則的に付された番号による記録となった。

規則的な土地表示の初期の例は、天平一五年（七四三）山背（城）国久世郡の弘福寺領であり、例えば「路里廿九川原寺田一町」といった表現である。一町（一・二ヘクタール）の田の所在地を、固有名詞の里名（「路里」）と、番号（「廿九」）および番号に付された名称（「川原寺田」）によって表現している。

このような久世郡の土地の表現や区画は、かつて「**条里制**」と呼ばれ、班田収授のために導入された土地表示法だと理解されてきた。しかしこの弘福寺領の事例の年次は、大宝令（田令）施行の大宝元年（七〇一）から四〇年余り後、六年一班の班田が実施された持統六年（六九二）からは五〇年余り後、さらに白雉三年（六五二）の班田実施からすれば九〇年間も経過した時期である。つまりこの間、班田収授と一体であったのは、田令が指示したような面積と四至による土地表示であり、「条里制」と呼ばれるようになった制度であったとは考えられない。

そこでまず、議論の対象を明確にするために、条里制という用語とは別に「**条里プラン**」の用語を使用したい。条里プランとは、碁盤目を基準とした土地区画と土地表示法の二つの要素からなる土地制度を意味し、発生の契機と時期が異なる班田収授とは切り離した土地計画の表現である。さらに、条里プランの土地区画が道や畔・水路などの構築物（景観の要素）

として存在する場合には、土地表示法とは別として、その土地区画だけを「条里地割」と表現することもある。

写真2―2は、山背国久世郡の例より早い天平七年（七三五）作製の弘福寺領讃岐国山田郡田図（平安時代の写し、多和文庫蔵）北半部である。同写真には正方形の区画が二〇区画見られ、西（右）側の直線の先には「山田香河二郡境」と注記されている。

正方形に表現された区画には、例えば「角道田一町」などと記入されていて、基本的に面積一町の正方形（一辺一〇九メートル）であった。また、区画内の複数の記載面積を合計すると、一町の区画が「五〇〇束代」であったことも知られる。

面積一町は、田令に「田、長卅歩、広十二歩為レ段、十段為レ町」と規定し、一段が稲五十束（そく）の収穫に相当した（『令義解』）。山田郡田図の五〇〇束代とはこの単位を使用している。つまり図上では、一町（五〇〇束代、一・二ヘクタール）ごとの碁盤目を基準とした土地区画と、その区画を表現する名称が記入されていることになる。ただし、山背国久世郡の場合のように番号は付されていない。条里プランとしては、知られている最も初期的な段階、あるいは完成への途上の状況である。

ところが、天平宝字七年（七六三）山田郡弘福寺田校出注文では、「九条七里廿五原田二

写真2-2　弘福寺領讃岐国山田郡田図（北半部）

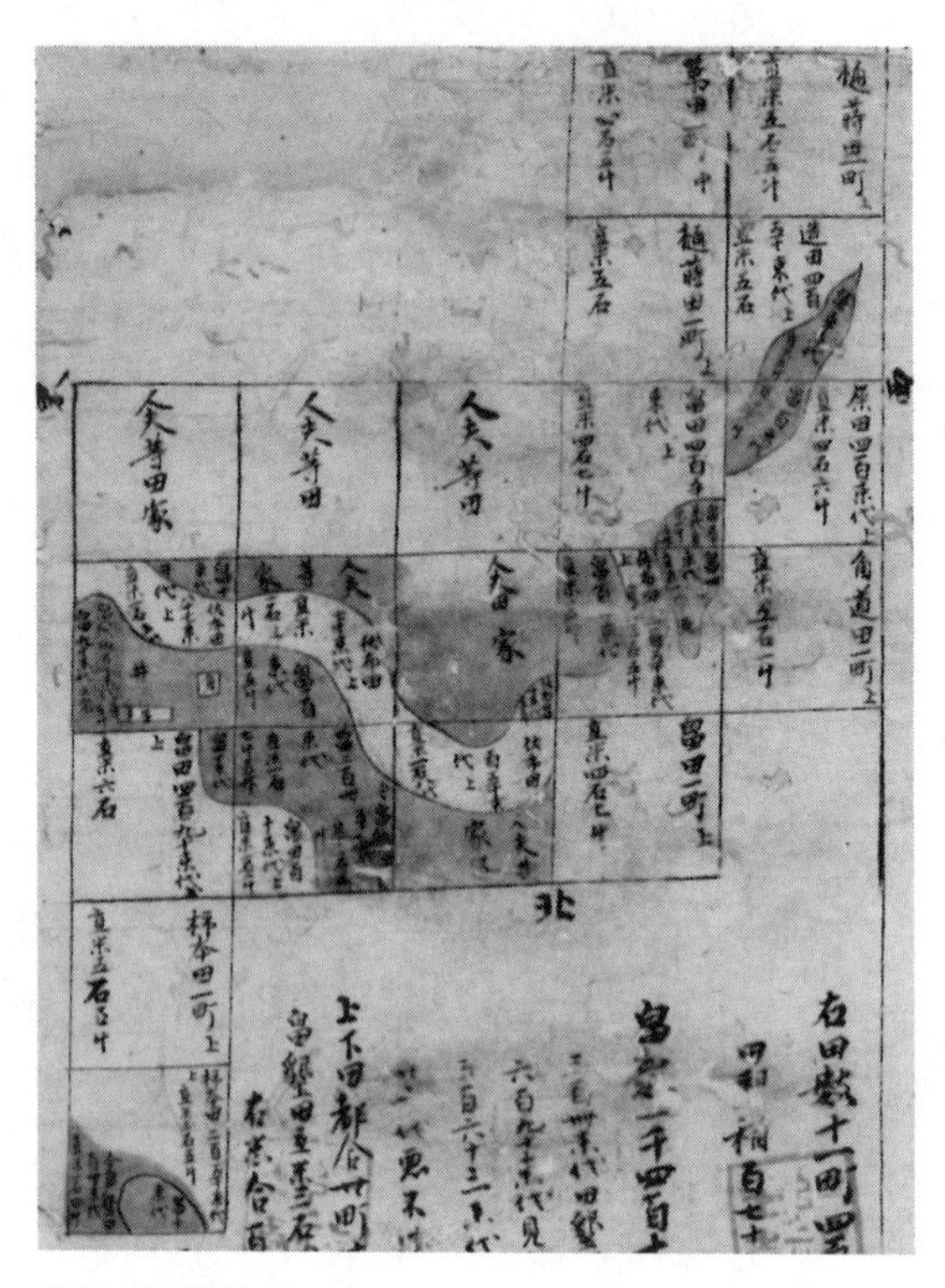

（出所）多和文庫蔵

段七十歩」などと表現され、先の久世郡の場合と類似した条里プランによる表示となっている。ただし、「条、里」とも固有名詞ではなく、番号によって表現されている点が異なっている。この山田郡の文書は、弘福寺領が存在する正方形の区画内に検出された、同寺領以外の田を列記したものである。この校出注文の表現によって、弘福寺領が所在した区画の位置と合わせると、当時の土地表示法（条里呼称法）を復原することができる。

それによれば讃岐国山田郡の条里プランは、東の三木郡との直線の郡界から、面積一町の正方形六個ごと（里、一町の正方形六×六）が南北に並んだ帯を「条」として、西へ一条・二条と九条まで数え、各条の「里」を南の山麓から北へ、やはり数字で一里・二里と数える様式であった（76頁図2－1参照）。写真2－2の所在地付近は、山田郡八条一二里と一三里および、西側に隣接する九条七里と八里であった。

六町四方の「里」の内部では、東南隅の区画（奈良時代には「坊」、平安時代には「坪」と呼ばれた）から始まって西へ数え進み、西南隅で北側へ折り返し、東へ数え進む番号の付し方であった。この区画（面積一町）を慣用的に、時代を問わず坪と称していることが多いので、以下ではそれに従って「坪」と表現したい。このような番号付け（以下、「坪並（つぼなみ）」と称する）様式は「千鳥（ちどり）式」と呼ばれ（ほかに「並行式」も）た。

詳細な復原の過程についてはすでに述べたことがある（金田『古代国家の土地計画』）ので省略するが、この校出注文の作成に先立って、天平宝字四〜五年（七六〇〜七六一）にかけて、「南海道巡察使」（他の国で「校田駅使」の例も）の下で、このような条里プランが編成された可能性が高い。

先に述べた山背国久世郡弘福寺領の土地表示例は天平一五年（七四三）、讃岐国で番号を用いた表現が確認されるのは天平宝字七年（七六三、条里プランの編成は二年前か）であり、山背国と讃岐国では二〇年近くの時期差がある。国々によって、条里プラン編成の時期には若干の差異があったからである。

例えば山背国は天平一四年までに、伊賀・近江国が天平二〇年（七四八）、越前・越中国が天平勝宝七歳（年、七五五）、摂津国・阿波国が讃岐国と同じ天平宝字五年（七六一）頃までに条里プランが編成されたとみられる。違いはあるものの、いずれも八世紀中ごろに条里プランが完成していた。

この時期、つまり八世紀前半〜中ごろにかけて、三世一身法（養老七年〈七二三〉）と墾田永年私財法（天平一五年〈七四三〉）が発布され、土地政策の大きな変化があった。次いで大寺院の膨大な墾田所有枠の設定（天平勝宝元年〈七四九〉）も行われた。

三世一身法は、口分田として班給するための田の不足に対応して開墾を奨励した法律であった。新たに用水を開鑿して開墾した田を三世代にわたって、また旧来の用水によった開墾地を、開墾した本人に限って専用を認めるものであった。

墾田永年私財法は、これらのいずれの墾田をも私財とすることを許可するものであった。

これらの新しい土地政策の実施には、旧来の田と新しい墾田を明確に区別する手続きが不可欠であり、寺院領などの場合にあっても同様であった。そのためにはまず、田令に規定されたような面積と四至による場所の表示ではなく、混乱をまねかない正確な土地表示法を確立することが必要であった。

条里プランはこの目的に対応するものであった。条里プランによって、土地の種別（口分田・公田・寺田・墾田など）と所在地を明確に記録することが可能となった。この方法が、口分田の所在地表示においても、田令の規定による四至表現よりも有効であったことは言うまでもない。

このように八世紀中ごろに編成された、田の種別や所在地を明確に記録するための条里プランを、「律令の条里プラン」と呼びたい。その実施の様相を、次に眺めておきたい。

条里プランの成立と班田収受

　田令は班田の手続きについても規定していた。それによれば、班田の開始を正月三〇日以内に太政官に申上し、一〇月一日から帳簿をつくり始め、一一月一日から実際の班田を開始して、翌年二月末までに終了報告をすることとなっていた。

　一方で戸令(こりょう)によれば、六年毎の造籍（戸籍作成）は一一月に開始して翌年の五月末までに終えることになっていたから、班田より三カ月間長い所用期間を見積もっている。

　戸籍には一人一人の戸主と戸口の年齢や戸主との関係、さらには疾患などの詳細な情報収集が必要であるのに対し、班田は戸籍に従って口分田の面積を算出し、戸主ごとにまとめて班給するという手続きであった。このような班田の作業期間を、造籍より短く見積もっていたことになる。すでに述べたように、田令の規定は三世一身法や墾田永年私財法以前であり、原則として田の私的占有や私財化はなかったので、所在地の確認や、公私の区別などの複雑な作業を想定していなかったものであろう。

　ところが三世一身法はもとより、とりわけ墾田永年私財法の実施以後、必然的にこのような新たな作業が不可欠となったはずであるし、個々の田の所在、種別の確認や記録などの実務は複雑化し、しかも作業量は急増したはずである。

もともと班田手続きとしては、田の所在・種別を確認する「校田」と、新しい戸籍に基づいた、その後の実際の班田があった。田令ではこの校班田に一〇月～翌二月（農閑期）の五カ月を想定していたことはすでに述べた。実際に造籍の年（籍年）の翌年に班田準備を始め、さらに翌年（籍年の二年後）二月までに班田が行われていた。

しかし墾田永年私財法実施以後、その期間が一年延びて籍年の三年後となった。著しく作業量が増えた校田と班田に、それぞれ一年を要することとなったからである。しかも、校田だけに足掛け二年を要していた例があった。とりわけ作業量が多かったことによるのであろうし、それが条里プラン編成のためでもあった可能性が高い。このようにして編成された条里プランが、すでに述べた「律令の条里プラン」と称する段階である。

律令の条里プランは校班田の基準となり、校田結果を「校田図」として、班田結果を「班田図」として（合わせて「校班田図」と表現）作製した。ただし、前回の校田図ないし班田図に加筆・修正して、次の班田図ないし校田図とした場合もあった。律令の条里プランはまず、このように校班田図に表現された条里プランであった。

これらの班田図のうち、天平一四年（七四二）、天平勝宝七歳（年、七五五）、宝亀四年

（七七三）、延暦五年（七八六）の四年次のものは「四証図」とされて、証拠資料として重視された。最初の班田図とみられる天平一四年図が含まれているところから、この年には条里プランが編成されていた例（少なくとも山背国）があったものであろう。先に天平一五年山背国久世郡弘福寺領の条里プランによる表記例を挙げたが、天平一四年班田図はその一年前であり、久世郡弘福寺領は完成していた条里プランに基づいて所在が表記されたものであろう。

ただしこの例は、籍年（天平一二年）の二年後にあたり、先に校田と条里プラン編成に一年多く必要としたと述べた讃岐国などの例には含まれない。考えられることの一つは、天平一四年は墾田永年私財法発布の前年であり、三世一身法に由来した田が加わっていたとしても、それ以後の場合に比べて校田作業量はそれほど多くはなかったことであろう。また畿内の特定の国であれば（少なくとも多くの国々ではない）、条里プランの編成も可能であったものと考えるべきであろう。

なお墾田永年私財法以後の例であるが、班田には「班田使（長官、次官、判官、主典）」と、「筭師（計算などの専門職）、史生（書記担当）」が国ごとに任命されていた。班田図にもこれらの官人の署名があった。

また、校班田図は坪六個分の幅からなる条ごとに、一条を一巻として作製され、保存されたことが知られている。校班田図は二通作成され、一通は国衙（国司の役所）に保管され、もう一通は京に送られて民部省に収納された。正倉院宝物となっている八世紀の東大寺領荘園図や、中世の荘園図の一部などにも、基図としてこれらが利用されたことが知られている。

八世紀段階の条里プランは、これらの校班田図上に明確に表現されていた。しかし現地では、条里プランの碁盤目に相当する道や畔、水路や溝などが、必ずしも実際に構築されていたわけではなかったので、さまざまな問題が発生した。条里プランの碁盤目そのものが、年次が異なった班田図や田籍・記録によって、それぞれ方位が異なった状況で認識・表現されていた場合さえもあった。

碁盤目を構成する坪相当の区画でも、現地の実際の位置との齟齬や、田図・田籍間での齟齬があった場合があるが、その内部の田の区画はさらに多様であったとみられる。

例えば天平神護二年（七六六）越前国司解（国司から太政官への上申文書）には、合計四四七筆もの土地が記されているが、そのうちの一段（三六〇歩）単位のものは一四三筆（一〇パーセント）に過ぎず、歩単位の端数があるものが三〇四筆（六八パーセント）であった。これは、現実に合わせて田の面積が記録されていたことを示すと同時に、実際に地筆の七割近くが、明らかに多様な大きさの区画であったことを示している。

この段階で碁盤目は、制度上および地図上の表現としては明確に出現したことになる。ただし、地表の構築物としての道路網や畦畔などの景観要素としての碁盤目は、古代都市の方格プランのように明確ではなく、とりわけ農地では不完全ないし不明確な場合が多かった。

ところが時期を経て校班田が実施されなくなったころになると、条里プランがむしろ強く認識されることとなり、地表の構築物としての碁盤目区画の形成が進んだ。この過程はやや複雑であるが、次にその状況を述べたい。

荘園に引き継がれた碁盤目区画

作製された校班田図が、国衙と民部省に保管されたことはすでに述べた。例えば、長元三ないし四年（一〇三〇・三一）頃の上野国交替実録帳（新旧国司の引き継ぎ文書）には、「無実（無くなった）」の「四証図」が計三四四巻、同様の「班田図」が計五一六巻、「校田図」が計六三〇余巻であると記し、さらに破損した校班田図の巻数などをも書き上げている。国衙に保存されていたはずの校班田図は膨大な量に上っていた。

この引き継ぎ文書には、無実と破損の内訳として校田図も班田図も別々に書き上げられているが、それぞれの年次は異なっている。先に述べたように校田図と班田図は、もともと別の年次に作製されたものであり、加筆・訂正をして利用された場合であっても、新たな年次の校田図か班田図に転じたからである。

無実・破損となった上野国の校班田図は年次別にも巻数が記載されており、四証図を含む校班田図の一年次分はいずれも八六巻であった。先に述べたように一巻が一条分であったから、上野国（群馬県）の条里プランは総計八六条からなっていたことになる。

単純に計算してみると、実際の一条（六カ坪分）幅が六五四メートルなので、八六条分は現地の約五六キロメートル幅となる。上野国の条の帯が、南北方向に設定されていたのか、東西方向であったのか不明であるが、いずれであっても群馬県の平野をカバーすることのできる校班田図の巻数であり、条里プランの条数であったものであろう。

また、無実ないし破損として書き上げられた班田図は、最後の年次が仁和元年（八八五）であり、同様に校田図は昌泰三年（九〇〇）である。虎尾俊哉は、九世紀になると班田収授の実施システムが崩壊していくことを明らかにした。この時期にあたる大同元年（八〇六）から、元慶三年（八七九）～七年（八八三）の山城国の例まで、畿内での班田実施が三回であった。また畿外の諸国では、右のような上野国の例をも含め、延喜頃（九〇一～九二三）

まで、多くて五、六回であった。

国家による校班田が行われなくなることは、新たな校班田図が作製されなくなることでもある。上野国の例のように国衙に収められた校班田図は多く、「国図（こくず）」と呼ばれる（民部省に収められたものは「民部省図」）ようになって、国司による土地行政の基本として使用された。

すでにこの過程の一方では、墾田永年私財法以後、有力者・有力社寺などによる大規模な開拓地が荘園（墾田地系）となっていた。さらに、これに加えてさまざまな寄進による荘園（寄進地系）が成立し、寄進された特定の権益からなる荘園が拡大していた。

これらの寄進地系の荘園の田は、もともと租（土地税）を輸（ゆ）す（納める）土地であった。私財となった墾田に由来する場合であっても、この点では同様であった。

ところが、一〇～一二世紀ごろにおいて、太政官符や民部省符（政府の許可命令書）を得て、本来国に納めるべき田租を、荘園側が取得する権利（不輸租）を得た荘園が出現し、官省符荘と呼ばれた。ただしこの権利を行使するに際して、官省符荘の領主は実際に輸租の免除を受けるために、次のような手続きを必要とした。

まず荘田所在地の国司に対して、荘田の具体的な所在地と面積を列挙して提出し、田租の免除を申請した。国司は申請書の調査と確認（「検田」）をした上で、免除の国判（国の許可）を与えた。この手続きを経て、荘園領主による権利を実際に行使することが可能となったのである。

このように土地管理の実務の多くは、国家ではなく各国の国司によって行われるようになった。この手続きの基準となったのが、国衙に保管されていた、かつての校班田図ないしその系譜の田図で、国図と呼ばれていた。国図は条里プランによって田地の所在を表現しており、右のような免除申請もまた条里プランによる土地表示を伴った。国司が認可した荘園（国免荘）の場合も類似の手続きをたどった。

この手続きについて、天養元年（一一四四）の「鳥羽院庁下文（院政の政庁から下位への公式文書）案」には、次のように指示している。

「検田検畠之時（中略）条里坪並、以レ図師為レ明鏡」と、検田検畠の際には、条里プランの坪並を「図師」によって明確にすべきことを述べている。図師とは何かについては不明の部分もあるが、国図の解読に明るい職務であったことは確かであろうし、輸租の免除申請の坪々と、条里の坪並（国図の坪番号のあり方）との照合を重視したことを示している。

実際にも、例えば康治二年（一一四三）醍醐寺領尾張国安食荘立券文では、類似の手続きの過程が記載に反映している。この立券文では、同国春日部郡一六～二〇条の一九カ里にわたる五〇八カ坪もの多数について、すべて一町を単位として書き上げ、領主である醍醐寺の役僧等が判をした立券（立荘）の申請文書である。これについて、郡司等が確認し、さらに次官以下の国司を含む「在庁官人（ざいちょうかんじん）」が加判をしている。手続きとしては官省符荘の場合と類似しており、特に条里プランの一町の単位（坪）ごとの権利の確認であることに注目したい。

　このような手続きを示す例は多く、条里プランの坪の区画が強く認識されることとなった。例えばこの手続きの中では、「任レ官省符坪付、随二開発一同可レ免除二之一」（寛弘六年〈一〇〇九〉大和国栄山寺牒）と、官省符を得た坪内の土地は、許可を得ていた残りが開発されると、官省符を得た部分と同様に租を免除するとしていた。

　さらに、「致レ彼相坪等、一味同心令レ勤二件役一者也、是当国平均之習也」（嘉禎四年〈一二三八〉大和国上吐田荘沙汰人申状）といった例もあった。相坪となった場合は、一緒になって役（義務）を務めるのであり、それが当国（大和国）一般の習慣である、といった文意である。「相坪（あいつぼ）」とは「合坪」とも書かれ、坪内の田の複数の所有者が、労役などの義務を共同で負担することを意味した。

つまりこの段階では、一部分でも官省符を得た坪内の権利（不輸租）を坪全域に及ぼすことや、坪に課された義務（労役など）を坪内の複数の権利所有者などが共同で負担する、といった形である。つまり、現地での坪の区画の意味が一層強くなっていったことを意味する。現地では、坪の区画を道や畔などによって、はっきりと構築する動きが活発化したものと推定される。

事実、発掘調査で検出される一町方格の坪に対応する畦畔（けいはん）は、一二世紀ごろないし、それ以後の造成による例が多い。国図の条里プランの時期に実際の坪の区画の畦畔造成が進んだものであろう。

相坪の例を紹介した大和国は、条里プランが実際の碁盤目の土地区画として広く展開する地域である。先に紹介した弘福寺領田図が表現していた讃岐国山田郡の場合もまた、図2－1のように、碁盤目の条里地割が典型的に分布している。右に述べたような国図の条里プランの段階における、坪の碁盤目区画が権益・負担の範囲として強く認識され、現実にも碁盤目の設定が進んだ結果を反映しているものであろう。

ただし、条里プランの碁盤目を現実の道や畦畔として構築する契機は、国図の条里プラン以後も続いた場合がある。次に、いくつかの例を見ていきたい。

図2-1　讃岐国山田郡の条里プラン

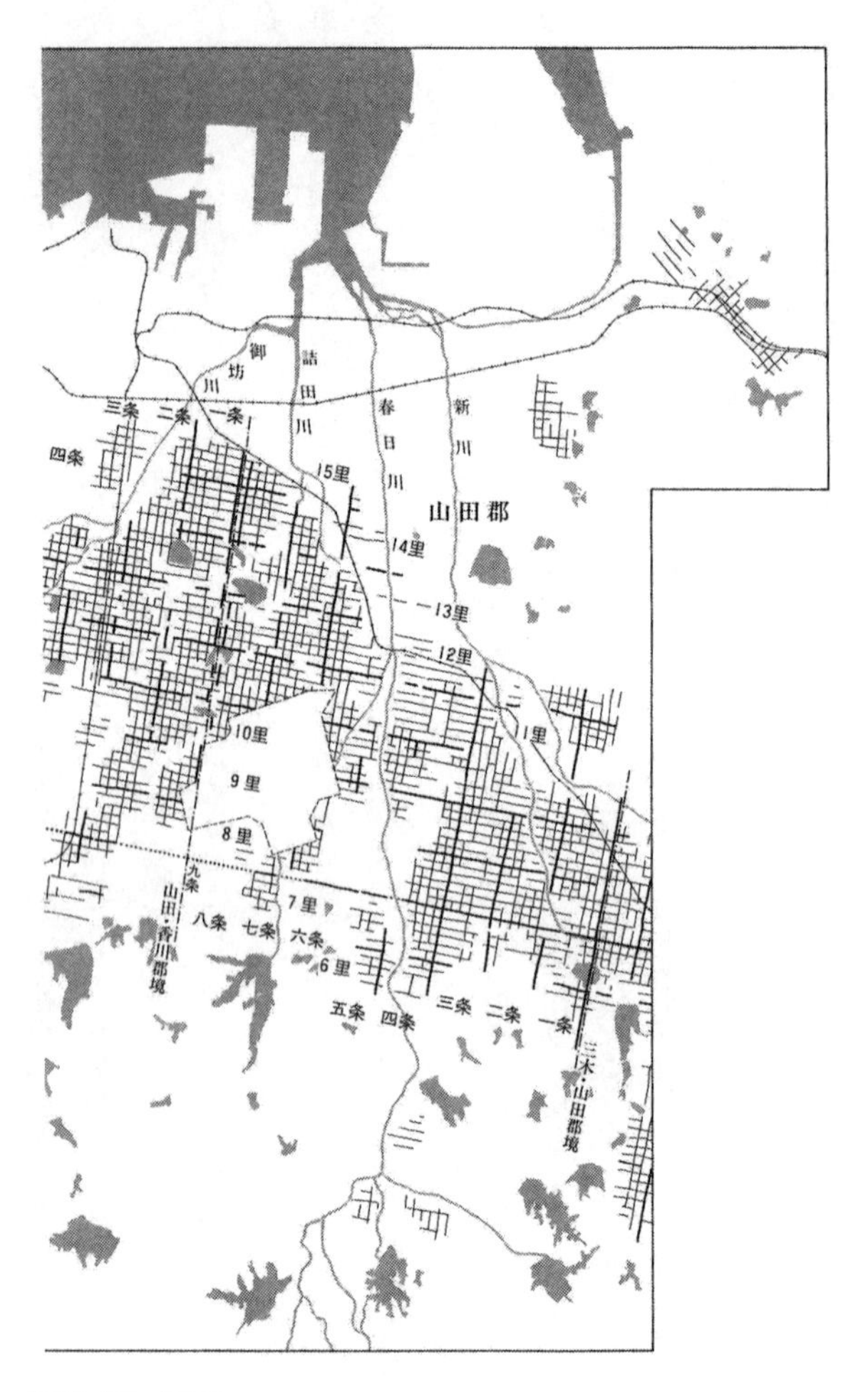

（出所）金田、1993年

中世以後の方格地割

一一世紀ごろの荘園は、すでに述べたようにほとんどが一部の権益からなり、それが分散した状況であった。官省符を有する荘園でもそのような場合が多く、国司による国図を基準とした検田権の下にあった。荘園には国司の直接の許認可によって成立した国免の荘園もあり、その場合の国司の権力は一層大きかった。讃岐国（香川県）多度郡の善通寺領の場合をたどってみたい。

寛仁二年（一〇一八）の同荘は「右寺家領田、住郡幷那賀郡両郡之間分散」（善通寺司解案）と、同寺のある住郡（多度郡、丸亀平野西部）と那賀郡（丸亀平野中央部）に分散して存在した国免地から、地子（雑税）を収取する構造であった。しかし、寺領が他荘と入り交じって収取がままならなかったり、国司によって寺領を「浮免」（面積だけを定めて場所を特定しない）とされてしまったりなど、経営が不安定な状況であった。

その後、藤経高の国司在任中に「以二散在寺領一被二一薗(円)一已畢(すでにおわんぬ)」（善通曼荼羅寺所司解）と、保延四年（一一三八）ごろから散在寺領を一円化（一カ所にまとめる）し、多度郡三～四条の七～八里にあたる、寺辺の七三町四反となった（久安元年〈一一四五〉讃岐国善通曼荼羅寺々領注進状)。

ところが久寿二年(一一五五)になると、善通寺は元の散在寺領の方がよかったと国衙留守所に訴えている。おそらく、新しく一円化された寺領免田からの収取がうまくいかず、経営管理に行き詰まったものであろう。しかし、このように元の散在免田を望んだものの完全には旧に復さず、混乱が続いた。

善通寺領はその後再び一円化され、建長四年(一二五二)には不輸不入権(税を納めず、荘園内に国司が立ち入らないとする権利)をも確立した。

このように善通寺領は、一一～一三世紀にかけて、散在―浮免(一時的)―一円化―散在―一円化という複雑な経緯をたどったことになるが、最終的には国衙権力からも自立し、完結的権限をも得た一円荘園となったのである。

経緯がこれほど複雑であるかどうかはそれぞれの状況によるが、一三世紀ごろには多くの荘園が、自立した完結的な領域を有するようになった。各荘園内では、独自の経営管理が行われるようになって、国司の検田権や国図の条里プランによる規制からは外れた。しかし条里プランが一般化していた荘園領域内では、土地区画や土地表示として、引き続きそれが使用された場合がある。すでに成立していた土地区画と土地表示法を利用するのが有効であったのであろう。

さらにこの時期には、国図の規制からは外れた後も、便利な土地区画として条里地割を設定した場合もあった。一円荘園の段階の条里プランを、「荘園の条里プラン」と称することにしたい。

例えば根木修によれば、岡山市南方釜田遺跡における水田区画の変遷は次のような状況であった（図2－2参照）。

古墳時代までは不規則な形態の水田跡であったが、奈良時代～平安初期ごろには図2－2上段のように、ほぼ東西南北の畦畔で画された方格となる。しかし、幅七～八メートルあるいは一二～一三メートルの場合が多かった。面積一町の坪の区画に相当する畦畔が含まれていたかどうかは不明であるが、少なくとも典型的な条里地割の一段に直結した水田区画とは見えにくい。

ところが、一一～一三世紀ごろの遺構として検出された新旧三面の水田跡（中世前期）は、一辺二～三メートルから四～五メートル程度の小区画（同図中段）となっていた。

その後一四～一五世紀ごろには、幅一〇メートル程度の一段の水田（長地型と呼ばれる区画（同図下段）に近い形状となる。

図2-2　南方釜田遺跡

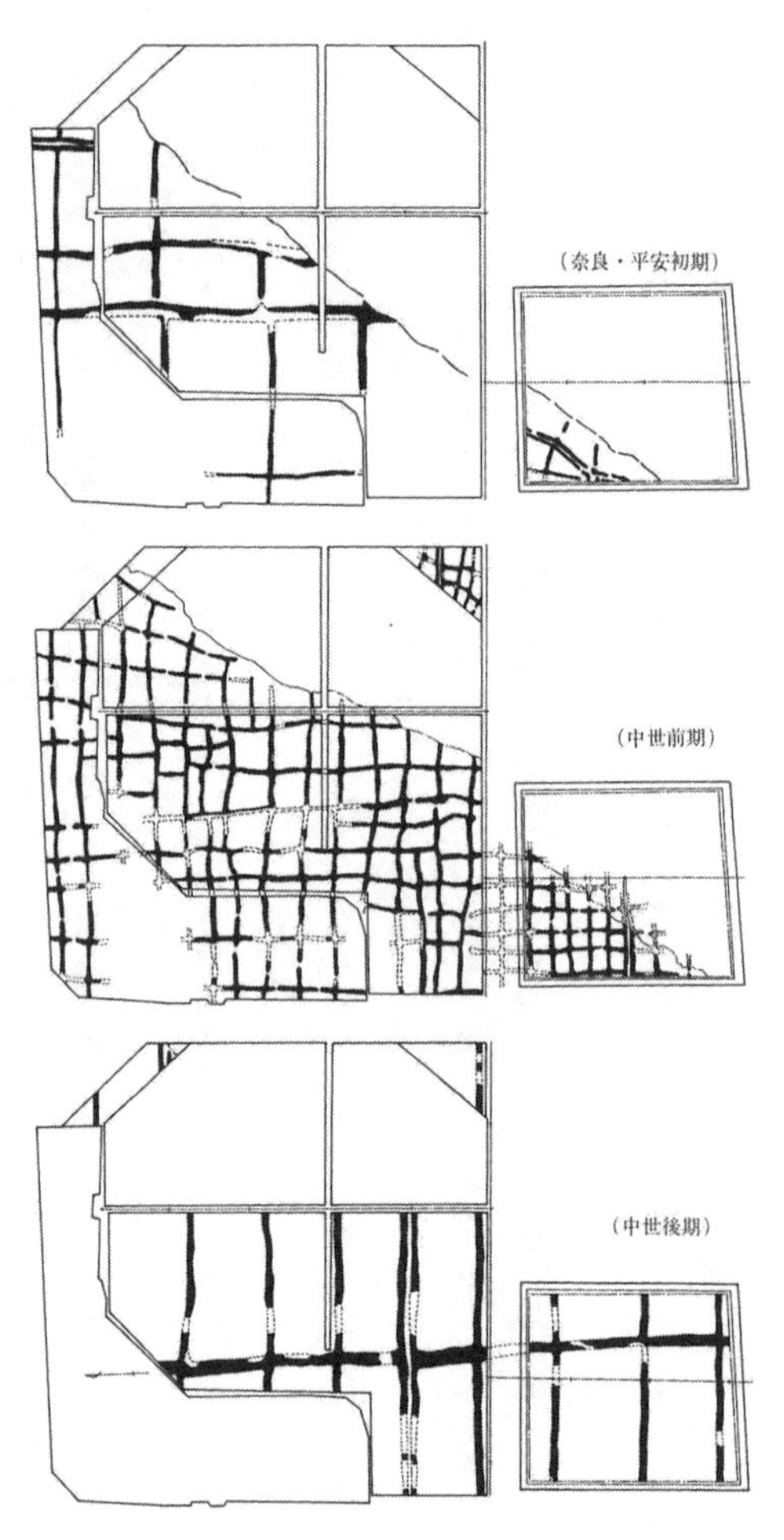

（出所）根木修による

このような同図上段から下段への形状の変化は、すでに述べた律令の条里プランから国図の条里プランないし荘園の条里プランへの変化に対応した状況に近い。ただし、国図の条里プランないし荘園の条里プランに相当する中段の時期に小区画水田であったことと、下段の条里地割の長地型形成の時期がかなり遅いことは、先に述べた一般的動向との違いである。中段の小区画水田の形成には、一円化された荘園の時期における形成要因を検討する必要があるが、関連資料は見つかっていない。

下段の時期は荘園が領域を確定し、さまざまな権限を独自に行使した時期（荘園の条里プラン）を経て、武士が荘園管理に台頭した時期である。その時期に至っても、便利な土地区画として、あるいは一般的土地区画として、条里地割が造成された例であろう。先の図2－1の讃岐国山田郡の場合も、いったん形成された条里地割が現代に至った例であり、南方釜田遺跡もこのような経過を経たものであろう。

類似の例は、条里地割が広く展開している大和国や近江国など各地の平野部において広く展開した。明治時代に至っても各地において、周囲の条里地割の状況に合わせた碁盤目の形成が続いた例（後に述べる「畦畔改良」など）さえ見られる。

ただしその一方、条里地割としての土地区画が定着しなかった荘園の場合、条里プランに類似した土地表示法を使用しているものの、土地区画の形状が方格や碁盤目ではなかった例もあった。もともとの土地計画の規制がなくなり、実際の土地区画もまた不規則であった地域では、その不規則な土地区画がさらに広がる場合が多かった。

近世干拓新田の方格プラン

中世〜近世初期にかけての伊勢湾岸や有明海沿岸の干拓地においては、土地区画が不規則であったことをすでに紹介した。円覚寺領尾張国富田荘古図に描かれた、一四世紀前半の伊勢湾岸干拓地だったと推定される富長の場合、先に述べたように碁盤目や方格の土地区画ではなかった。

ところが近世中・後期には、この富長（冨永村）やその南に接して描かれた福富よりさらに南側にかけて、海面の干拓が進んだ。その結果、一七世紀から一九世紀半ば過ぎにかけて、伊勢湾奥の尾張国海東郡で計二万石強、その西の海西郡で計三万石強の新田高があり、尾張国全体の新田の四割弱を占めた。これらの干拓新田には、さまざまな干拓主体があった。藩営新田では藩主の命によって奉行ないし代官らが派遣されて事業を推進した。事業の主体者が豪農や町人であれば、それぞれ豪農開発新田や町人請負新田の類型となる。

図2-3 弘化三年（1846）藤高新田絵図面

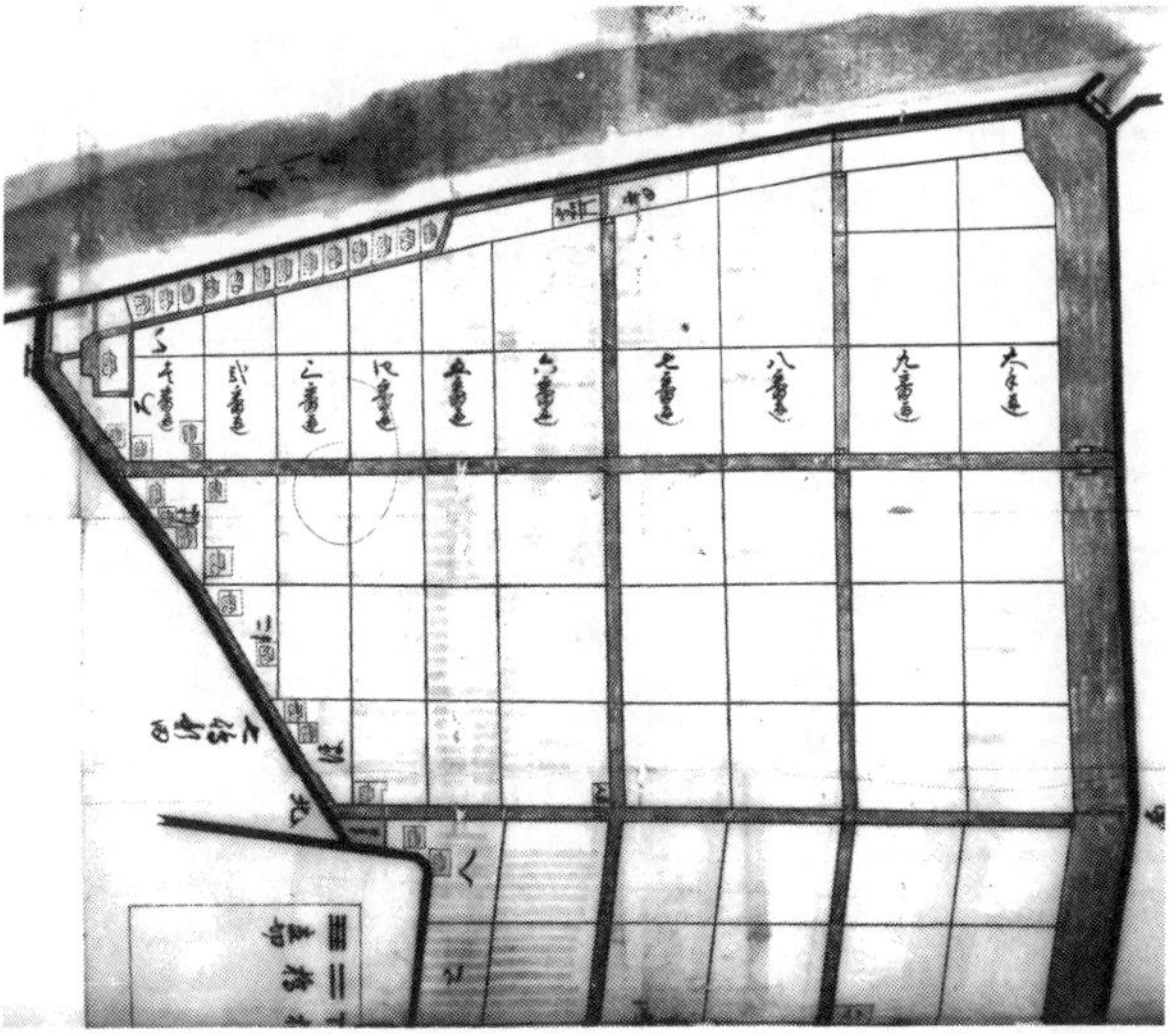

（出所）愛知県公文書館蔵

そのような干拓新田の一つである藤高新田（現名古屋市港区）は、新川（庄内川分流）と戸田川の間、冨永村の東南方に位置した。藤高新田は、西川弥市（弥一）によったことから「弥市（一）新田」とも呼ばれたので、この点では豪農開発であった。ただし、名古屋の豪商伊藤忠左衛門が関わっていたともされるので、町人請負の側面をも持っていたかもしれない。

図2－3は、弘化三年（一八四六）藤高新田絵図面（東

の部分、愛知県公文書館蔵）である。同新田は寛政九年（一七九七）干拓とされるから、同図はそれから五〇年ほど経た時期の状況である。面積は八一町余（八一ヘクタール余）であった。周囲は「堤弁道通り」で囲まれており、それに沿って家が描かれている。その内側には「用水弁川」が描かれている。

新田内部は方格状の用水・道によって、中央部ほぼ全面に、面積一町（一ヘクタール、古代以来の一町からすれば二割減）の方形の区画に区分されている。同図のように場所によって長方形や菱形に近い区画もあるが、方格状の道・水路網は、南北一四本、東西は広いところで一〇本余の直線である。周辺部分は全体面積の制約から変形した区画が多いものの、東（上）部の四区画の列はほぼ正方形、西（下）部の八区画の列は菱形に近くなっている。

なお同図では見えにくいが、正方形の区画内は基本的に田であるが、細長い畑列が描かれている区画もある。このような畑は島畑と呼ばれ、干拓地の塩害に強い綿作地であった場合が多い。

さらに東西の区画列には、北から「壱番区〜九番区、大手区」、南北の区画列にはいろはの「い〜か」が付されていることに注目したい。つまり区画の位置を、例えば「七番区に」ないし、「に七番区」といったように表現することが可能な区画造成と名称設定であった。

このように藤高新田には、干拓主体者であった豪農の意図なのか、資本を提供した町人の意図なのかは不明としても、明らかな碁盤目区画への志向がみられる。

どこまで典型的であるかはさまざまであるが、近世後期の干拓新田には、この例のように方格を志向した場合が多い。相対的に規模が大きいこと、平坦であるので地形的制約がないことなどから、開発主体者の意図が表れやすいことが共通する。

先に紹介した古い干拓地のある有明海沿岸でも、一九世紀中ごろになると、佐賀藩の藩営による干拓新田が増加した。図2－4はその一つ、旧犬井道村南西搦（現佐賀市の佐賀空港西北側）の明治二一年（一八八八）ごろの地籍図に表現された土地区画である。この干拓地は、筑後川の分流である早津江川と、佐賀市街から流下する八田川との間に位置する。

同図のように、北西―東南方向の平行な直線の道・溝六本と、南側の堤防沿いの道からなり、これらと直行した道二本、溝三本があって、水田区画もほぼ同一幅の短冊形である。地籍図の時点までに二、三筆に分割されたと思われるものもあるが、基本的に規則的な土地区画の形状である。藩営新田であり、藩の政策による干拓がこのような規則的な形状を生み出したものであろう。

ただし北西―東南方向の平行な道・水路に比べて、これと直行する方向の道・溝は少な

図2-4　旧犬井道村南西搦地籍図（明治21年〈1888〉ごろ）

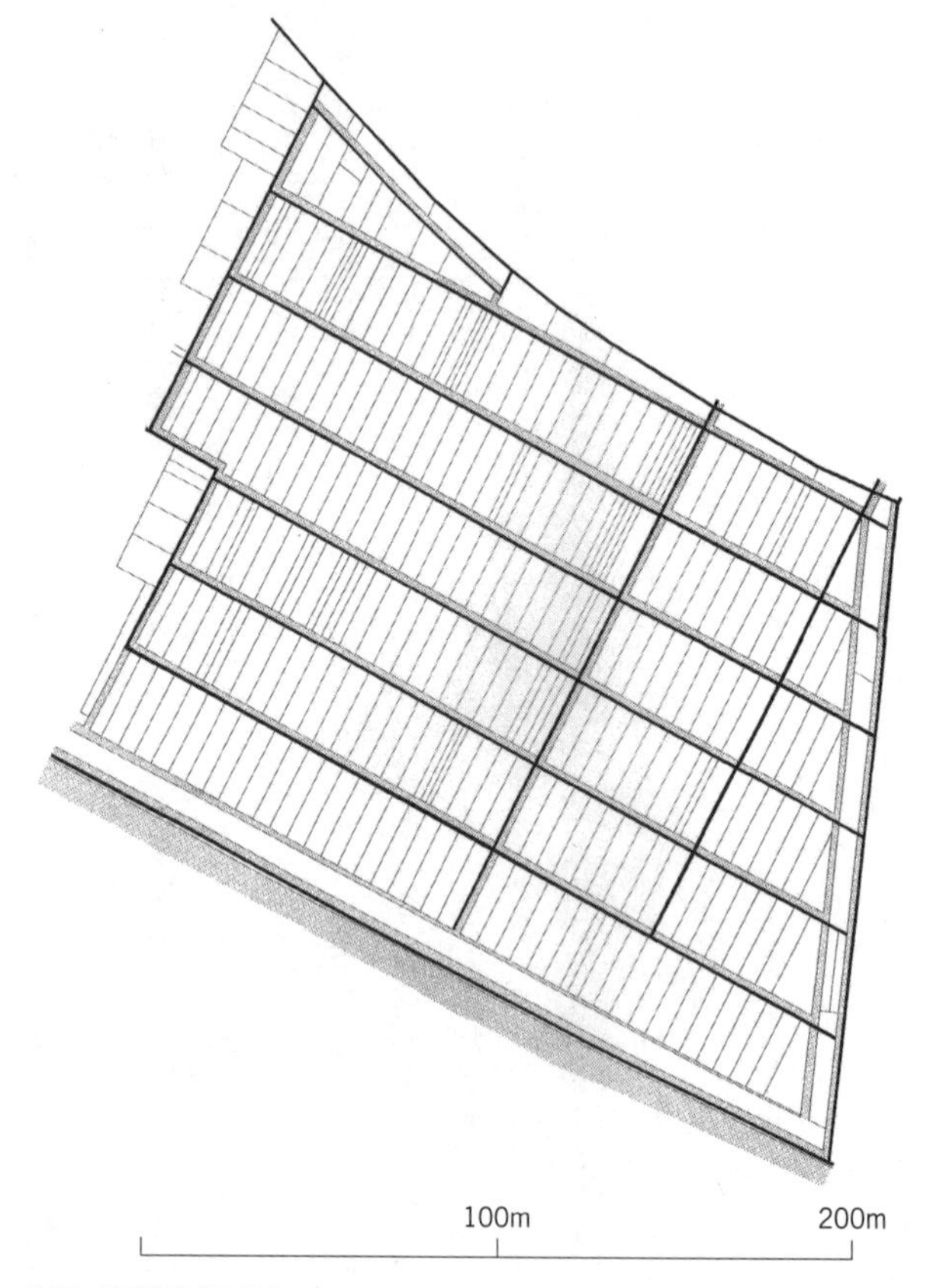

（出所）『佐賀県地籍図集成 八』

い。典型的な碁盤目ではないが、明らかに規則的な方格プランを志向している。

　このような方格プランを志向した近世の干拓地は、ほかにも瀬戸内海の児島湾など、たくさんある。大規模な干拓新田においてはしばしば、方格プランへの志向性が見られたことを確認できる。

近世都市の方格街路

「はじめに」で近世都市としての大坂市街の街区が典型的な方格プランであったことを述べた。江戸の場合、台地と谷からなった江戸城付近以西の地形条件や、江戸湾岸の埋め立て地の造成時期の違いなどにより、さらには繰り返した大火の後の部分的な街区整備などによって、各部分ごとに方格を志向した地区によるパッチ状の土地区画群となっていることもすでに述べた。江戸・大坂のみならず近世都市の多くは城に伴う城下の町であり、防御構造が優先されていたこともよく知られている。

　例えば彦根城（滋賀県彦根市）は、関ヶ原の戦いに勝利を得た徳川家康から、石田三成の佐和山城と旧領を与えられた井伊直政が、家康の裁可を得て彦根山に築城したという。慶長九年（一六〇四）に公儀普請の形で工事を始め、大坂夏の陣の後は彦根藩独自で建設を進め

図2-5　彦根「御城下惣絵図」

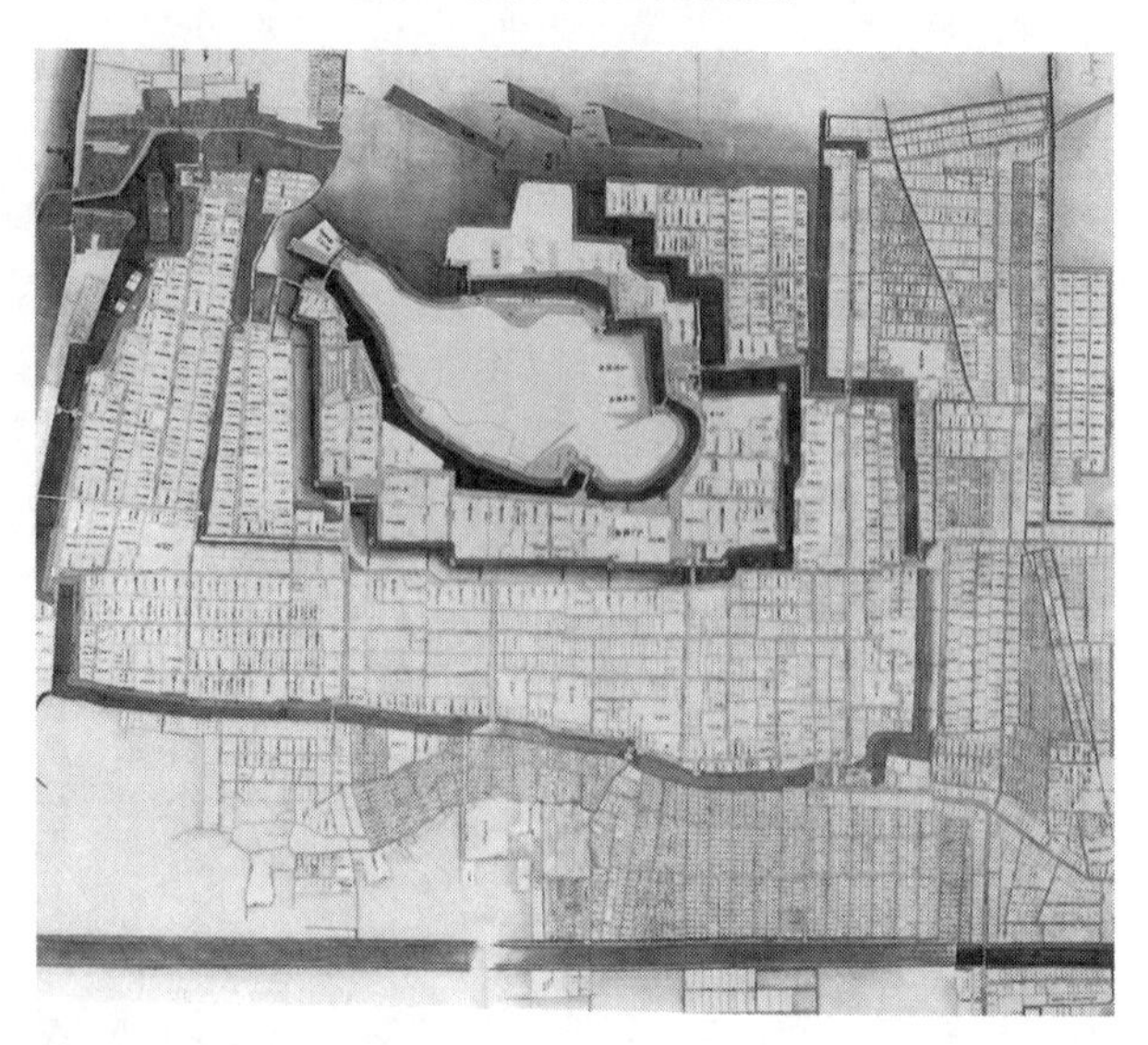

（出所）『新修彦根市史　景観編』

た。元和八年（一六二二）には主要な町割がほぼ完成したとされる。

図2－5は天保七年（一八三六）の「御城下惣絵図」であり、城下の構造がよく知られる。同図中央部北（上）寄りの白抜き部分が彦根城（彦根山、金亀山とも）であり、その周囲の堀が内濠、内濠の外側が中濠、さらに外側が外濠であり、これらの濠の北側は松原内湖（ないこ）に続いている。外濠のさらに西側は琵琶湖、また、南側を流れるのは芹川（せり）である。

内濠・中濠間は藩主の屋敷および上級武士の屋敷地区、中濠・外濠間の中濠南辺以北および西側は中級武士の屋敷群、中濠・外濠間の東南側の大半は町屋地区である。外堀の外側の大半は下級武士・足軽屋敷群であるが、主要街路沿いの部分には町屋が並んでいる。特徴は次のようなものだ。

①藩主と上級武士の屋敷群は、大きな区画が濠沿いに並んだ形である。
②中級武士の屋敷群は街路沿いに正方形に近い方形の区画が並び、背後の屋敷と接する形の配列となっている。
③町屋地区の場合も中級武士の屋敷群と類似の配列であるが、町屋は街路側の間口が狭く、奥行きが中級武士の屋敷とほぼ等しい。
④下級武士・足軽屋敷群はさらに細かい区画からなり、数多くの屋敷群の塊として設定・配置されている。

彦根への最も主要な街路は朝鮮人街道と呼ばれ、中山道と琵琶湖岸の中間を北上し、図2—5の東南隅付近で芹川を渡って城下に入る。城下ではそのまま北上し、西へ屈曲して外濠の東南隅付近を渡る。外濠・中濠間でも、まっすぐ北上してもう一度外堀を渡り、さらに北上する。松原内湖付近に達すると東に屈曲して佐和山を越え、鳥居本付近で中山道と合流する。

この街道（城下では街路）沿いには、先に述べたような町屋列が両側に付属している。外濠・中濠間ではこれと直行する東西方向の二本の街路があり、やはり両側に一連の町屋列を伴っている。

このような城下の土地区画の状況は、藩主・上級武士屋敷群が内濠と中濠の屈曲に強く規制されている。しかし中濠の外側では、濠・内湖岸・芹川などによる多少の規制を受けた状況を除けば、中・下級武士の屋敷や足軽屋敷、町屋などの屋敷の配列が、いずれもほぼ直行する街路とともに、大小の方格からなっているとみられる。

言い換えると、防御構造が優先されているとはいうものの、方格プランを志向した状況が濃厚とみられる。また町屋の存在の方は、何よりも主要な街路に規制されている。

このような状況は多くの城下に共通する。地形条件によってはもう少し不規則に見える場合がある一方で、もっと典型的な方格プランの城下もあった。例えば名古屋は、城下の武家屋敷が彦根と共通する方格を志向した状況であったが、町屋地区は完全な碁盤目であった。

名古屋城は、彦根城と同じく、家康の指示によって慶長一四年（一六〇九）から大名を動員して公儀普請が始まった。同一七年にほぼ完成し、元和二年（一六一六）には初代藩主徳

図2-6　万治年間（1658～61）名古屋城下絵図

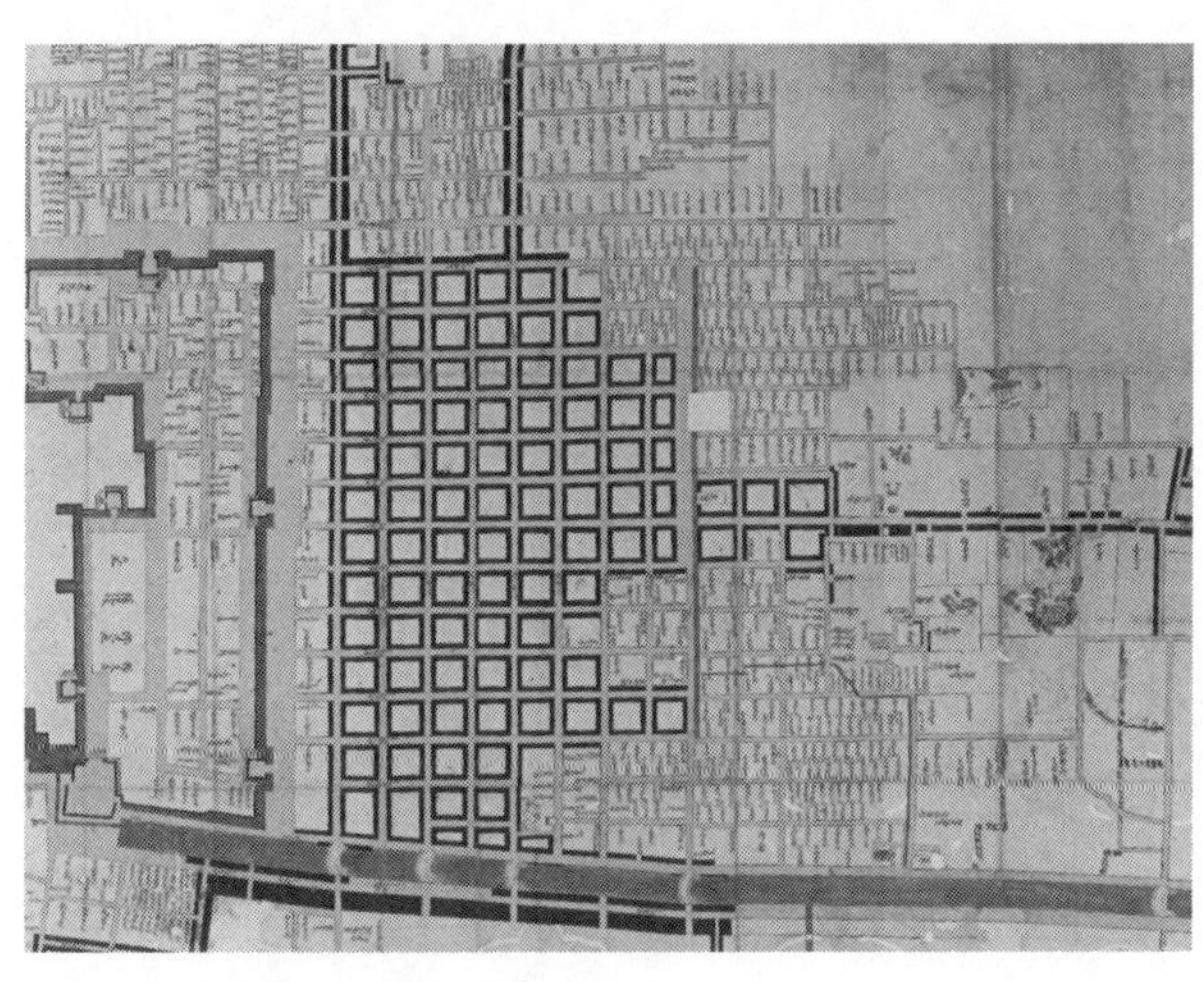

（出所）『日本の市街古図（東日本編）』

川義直が入部した。

図２－６は万治年間（一六五八～六一）の名古屋城下絵図である。台地北（左）端に名古屋城が、その南側の平坦な台地上に城下が建設された。町屋地区は、同図に輪郭が太く見える碁盤目の部分と、東・西へ二本ずつ、南へ一本延びる街道沿いの部分、および城郭西南から南の伊勢湾へ延びる堀川（運河）沿いである。

碁盤目部分は南北七区画、東西一三区画であり、南端部・西端部に長方形の街区があるが、基本的に正方形の街区である。城下の武士の屋敷群は町屋地区の周辺である。正方形ではないが東西・南北に直交する街路に沿って配置された長方形の屋敷区画群である。町屋地区ほど典型的な碁盤目ではないものの、方格を志向した形状であることは彦根などとも共通する。

名古屋城下の町屋地区のような、ほぼ完全な碁盤目状街区は熊本などでもみられる。近世都市もまたほとんどの場合、方格プランを志向した。

第　3　章

旧世界の多様な土地計画

古代中国の方格プラン

唐（六一八年から約三〇〇年間）の長安城（現在の西安の前身）が平城京に先行して存在した方格プランの都市であり、平城京建設にも影響を及ぼしたことはよく知られている。長安城の地付近は、唐以前に隋の大興城の所在地であった。

長安城については、北宋の元豊三年（一〇八〇）に描かれ、石に刻まれた地図の断片（縮尺約九〇〇〇分の一）が知られている。崩壊して二一片の破片となった石片が発見された。そのうちの一五片は長安城北東部付近を描いている。

この石刻群には、皇城を構成する「太極宮」の東側、北に張り出した「太明宮」の南側に、計二〇近い街区（坊）が描かれている。正方形に近い「永興坊、崇仁坊」や、これらより小さい正方形の「光宅坊、永昌坊」、さらにこれらの半分ほどで南北に長い長方形の「翊善坊、来庭坊」などである。大きい坊では東西南北のそれぞれ中央に門が描かれ、そこを通る直交街路によって坊を四分している。小さい坊は東西の門と一本の街路による二分である（図3－1参照）。

中国の考古学者、宿白によると、分割された坊の四分の一のそれぞれが、「十字街（十字路

図3-1　石刻の長安城方格プラン

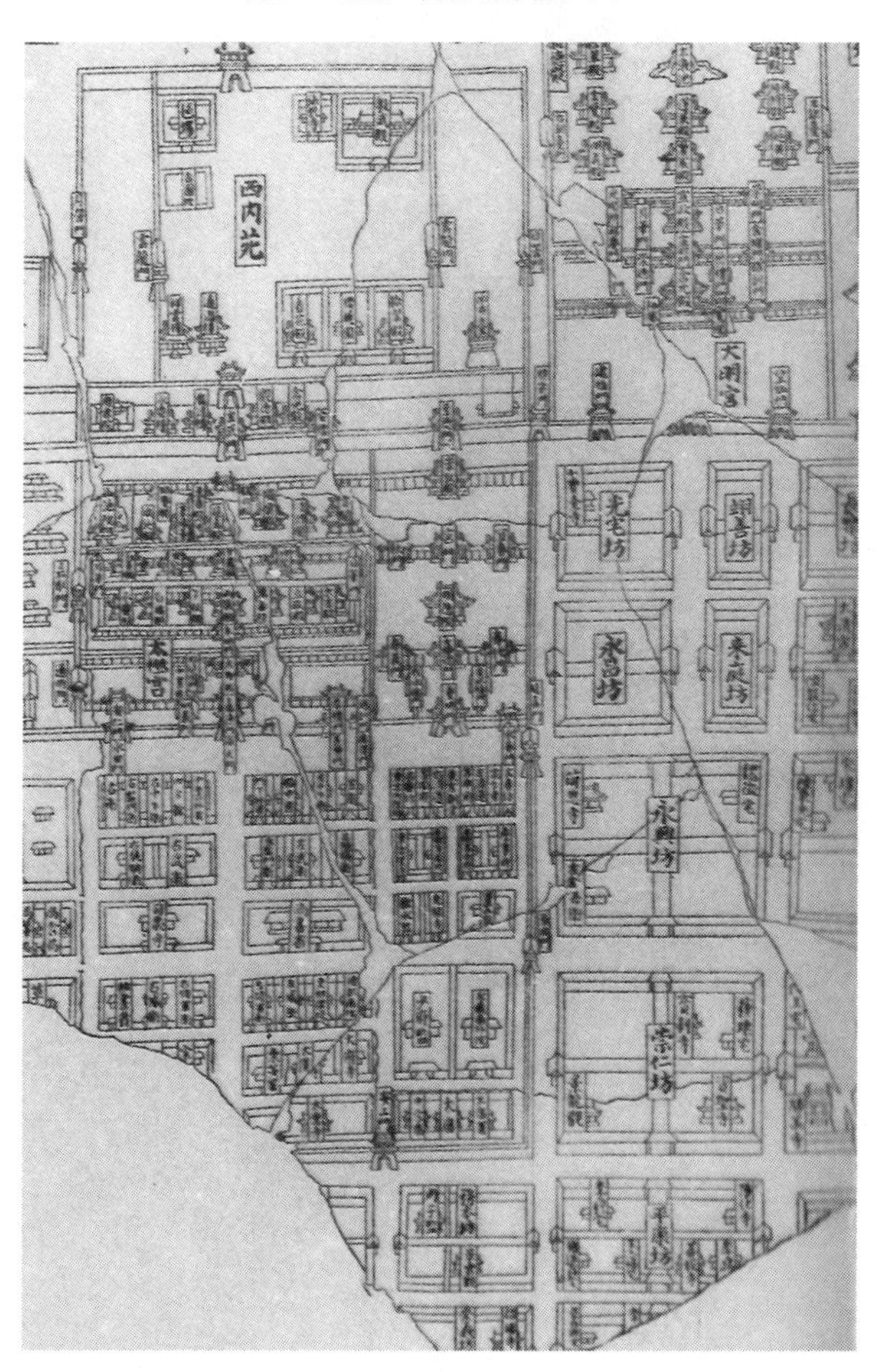

（出所）『中国古代地図集　戦国一元』

の交差点)」からと、四方の門からの方位および坊の各隅の四区画で示され、坊全体では一六の表示区分であったとされる。

長安城の全体は、図3－2のように復原されている。東西でも、外京を含む平城京の二倍近くもあるが、京域は確かに方格状の街路で構成されている。太極宮・太明宮の位置も、平城京の宮域と同様に北側中央である。一方で、平城京の方格プランと異なる点の一つは、街区の方形の多様性である。

図3－2のように皇城の東西両側の街区（坊）が正方形ないしそれに近い形状なのに対し、皇城より南側では二、三種類の長方形である。この状況は、基本的にほぼ正方形（街路幅を差し引いているので若干の差異あり）である平城京の坊とは、設定方針が異なったとみられる。

長安城の各坊が東西南北の中央に設置された門を結ぶ十字路によって四分割され、小規模な坊が東西路で二分割されていた点も、平城京とは（さらには平安京とも）異なる。しかも長安城の坊にはすべて固有名詞が付されており、平城京のように○条○坊○坪といった数詞による位置表示ではない。

街路もまた、皇城や京域外周の門の名を付した固有名詞であった。韋述『両京新記』（開

図3-2　長安城の概要

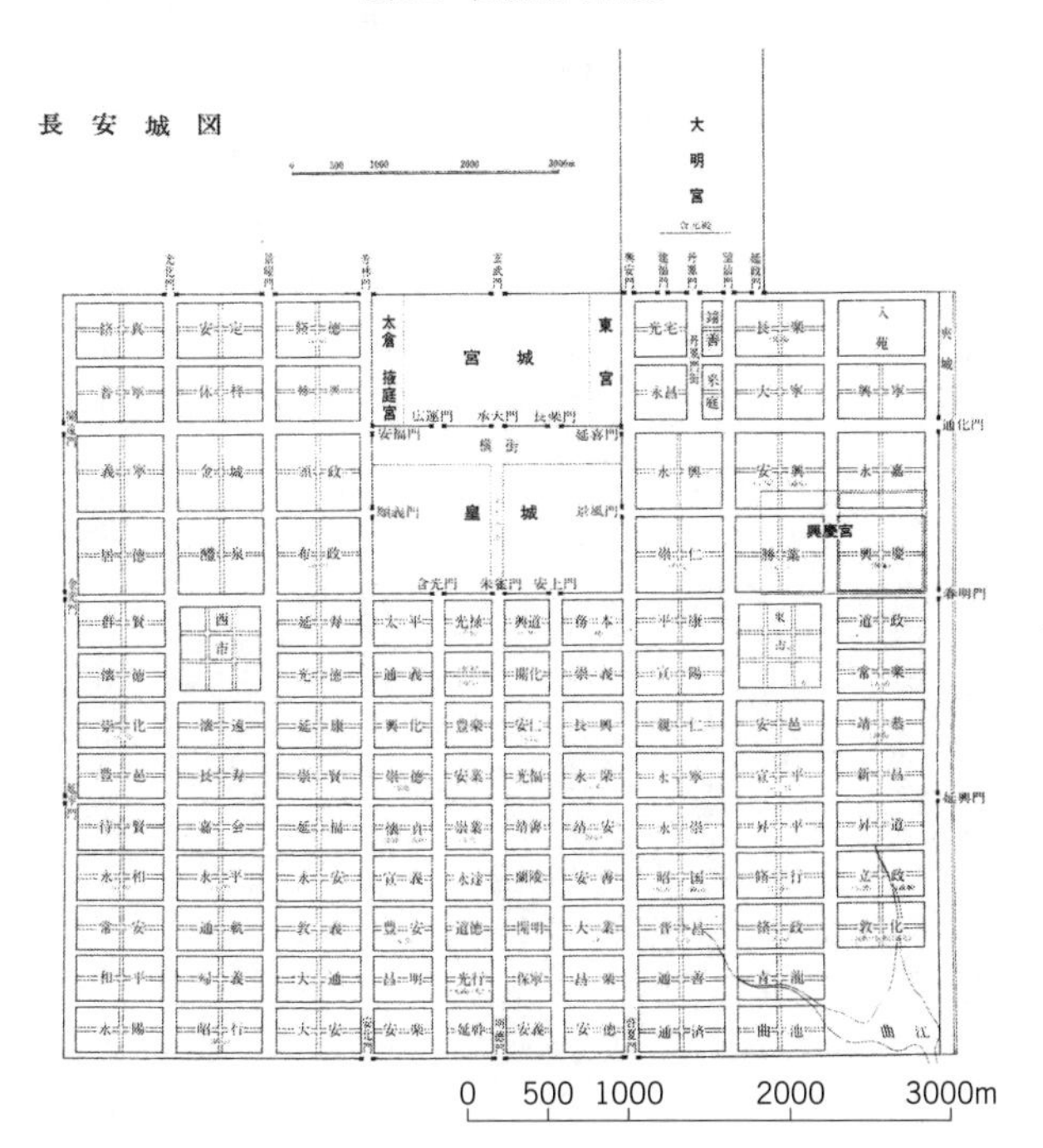

（出所）『奈良・平安の都と長安』

元一〇年〈七二二〉よると、例えば皇城西南方の「太平坊」の位置は、「朱雀街」（朱雀門を通る南北の中心街路）の「西第二街」（朱雀街を第一として西側第二番目の街路）にあたる「含光門街」の西、と説明されている。

さらに同書には、右に述べた十字街によって分割された「太平坊西南隅」に「温国寺」がある、といった記述が続く。坊内の行政については、「隅老」が分担したとの議論もある。坊が四方の門のみで外と連絡した、個別のまとまりが強い単位であったことも知られている。平城京より後になるが、平安京では「坊令（ぼうれい）」が、左・右京職（きょうしき）の下に置かれた市政担当者であった。しかし、「七条令」が七条一坊について上申の文書（「七条令解」）を発した例が知られているように、坊令と称しながら、平安京の場合は左右京の各「条」の四カ坊を管轄していた。

固有名詞による表示は、長安のみならず洛陽の場合も類似の表現である。いずれの都市においても、第二街、第三街などといった序数は、位置を説明するためのものであり、街路名ではない。

ただし、方格状街路からなる中国都市の構造は、他都市にも引き継がれたようである。長安・洛陽より時期は遅れるが、北京（遼・金以後）などでも方格を志向していることは共通している。さらに後になるが、明の「蘇州府城図」（一四三六年、江蘇省）も城内の方格プランを表現している。

中国ではまた、「井田制」として古くから知られる、土地の分割利用の理念があった。「方里而井、井九百畝」（『孟子』）と、一里四方（面積九百畝）を井の形に九等分するという考え方である。また「商君、壊井田、開阡陌」（『漢書』食貨志）と、井田を壊（無視）して南北・東西の畦道をつくったという記載もある。

しかし、中国古代の農地において、方格の土地区画そのものが確認されているわけではない。

個別の農地が記載された敦煌出土文書には、例えば聖暦二年（六九九、周則天武后）ごろの「敦煌縣勳蔭田簿」（池田温『中国古代籍帳研究』）に、次のように所在地が表記されている。

「壱段伍畝勳田　城南七里陽開渠、東郷仁、西郷仁、南渠、北道」、といった表現である。一段五畝の勳田（日本田令の「功田」に類似するか）が、城（町）の南一里の陽開渠（という場所）にあることと、その東西南北の隣地が記されているのである。

このような表現による土地表示の様式は敦煌出土文書に多い。この様式は、長安城などの方格プランの都市における土地表示とは大きく異なる。むしろ先に述べたように、条里プラン以前の日本の田令が、面積と四至（東西南北の隣地）によって口分田の班給結果を記録すべきとしていたことを想起させる。

このような表現からすれば、少なくとも敦煌には方格プランに基づく土地表示法は存在しなかったことが判明する。方格プランそのものが存在しなかったのであろう。

一方、かつて五万分の一ないし一〇万分の一外邦図の表現から、米倉二郎（『東亜の集落』）や水津一朗（「古代華北の方格地割」）は、平行する道路パターンを検出し、方格地割の存在根拠と推定した。

写真3－1はそのような道路パターンの一部、西安市北東方六〇キロメートルほどの農村地帯（官底鎮付近）の衛星写真（Google Earth）である。東西方向の平行な道路と、その間に南北方向の紐状耕地がある。

このようなパターンの土地区画に対して、佐竹靖彦（『中国古代の田制と邑制』）は、規則的ではあるが「方格地割（小著の用語では「地割」は土地区画に相当）」ではなく、平行道路と「帯状地割」群だとし、西安の北を流れる渭水（いすい）の北側一帯において、西安北東方には東西

写真3-1　西安北東部の農村集落と土地区画

（出所）Google Earth

の平行道路が、北西方には南北の平行道路がみられることを確認した。

　さらに、この地域は「水土」の流出防止が必要な地域で、東西あるいは南北の平行な農道と帯状地割によってその目的を達することができたであろうことを指摘している。小著では詳細な紹介を避けるが、「井田地割」から「阡陌（せんぱく）地割」への転換、「阡陌地割」から「代田地割」への転換が、東西あるいは南北方向に平行する農道と「帯状地割」の形成に結びついたとも推定している。

　写真３－１は現在の状況であり、さらにほかの要素が作用している可能性がある。しかし、古代以来の制度から見ても平行する道路パターンと「帯状地割」群の景観が出現する

可能性があるという指摘は興味深い。

この「帯状地割」は、小著の表現では紐状耕地の形状に相当するが、両端を道路に接し、長さが一定である点が相違する。後に述べるように、「帯状地割」は近世日本の畑地開拓の土地区画より大きく、ヨーロッパの紐状耕地より小さい面積であるが、細長い形状は類似する。

中国都市における方格プランと伝統は確かに存在した。しかし、中国の外縁であるとはいえ、敦煌には方格プランが存在しなかった。咸陽や長安（現在の西安）付近の陝西地方においても、土地区画の規則性は見られるが、その方向性は平行道路と「帯状地割」に向かい、方格あるいは碁盤目には向かなかったということになろう。少なくとも、日本の条里プランのような碁盤目状の土地計画は存在しなかったのである。

古代ローマの方格プラン

古代ローマにおいて、退役軍人などに土地を配分し、入植させるための碁盤目の土地計画があり、ケンチュリアと総称されている。

ケンチュリアとは、本来一〇〇人からなる軍隊の単位（百人隊）で、もともと一人二ユゲラ（約〇・五ヘクタール）からなる賦与地一〇〇人分の土地区画を意味したとされる。ただし、退役軍人にはケンチュリアの三分の一（約六六ユゲラ）が賦与されたという。

ケンチュリアの標準区画は、一辺二〇アクトゥス（約七一〇メートル）の正方形で、「測量官図」と呼ばれる大縮尺の作業図とその説明図に表現され、通常は土地所有者名・面積が記入されたという。

ケンチュリアの設定に際しては、それぞれの地域ごとに、まずカルド・マキシムス（通常は南北）とデクマヌス・マキシムス（通常は東西）と称する中軸基準線が設定された。両基準線から七一〇メートル間隔に設定された平行線によって、ケンチュリアの碁盤目の位置が示された。

測量官図は通常二面作成され、一面は現地に置き、一面はローマの公文書館（紀元前七八年設置）に保管されたという。日本の班田図・校田図が地元の国衙と中央の民部省に保管された状況と類似する。通常この測量官図は青銅板に刻まれたというが、青銅が再利用のために鋳つぶされたためか残存していないという。

ところが南フランスのオランジュ市立博物館には、青銅板の測量官図ではないが、大理石に刻まれた大縮尺図が展示されており、オランジュ地籍図と呼ばれている。これは、オランジュ市街中心部において、銀行の金庫室建設の際に発見された。発掘調査が行われた際に、合計四一六個の破片として検出された。

　復原作業の結果、大理石片が三群（A・B・C群とされている）に分かれること、三群それぞれが元は大きな一面を構成し、装飾的に飾られていたであろうことが推定されている。青銅板からの転写であったかどうかはわかっていないが、特別に大理石に刻印したものであったことは確かである。

　このうちB群の破片三三一個を復原配置した結果、全体として高さ五・九メートル、幅七・六メートルの一連の範囲となり、博物館に展示されている。B群地籍図全体としては、オランジュ南方から東南方にわたる、南北約四四キロメートル、東西約一九キロメートルの範囲を表現していたとされている。

　B群の破片の一部には写真3－2のような表現があり、方格線と文字が刻まれている。方格網は縦一四センチメートル強、横一二センチメートルの長方形であるが、これは一辺約七一〇メートルのケンチュリアの正方形を表現していると考えられている。

　同写真の中央部上端には「DD・XVΠ・CKΠ」と記入されている。これは東西の基準線から北へ一七番目、南北の基準線から東へ二番目の位置のケンチュリアであることを示す。

この写真の上部には、ケンチュリアの区画線とは異なる、やや斜めの太い線が表現され、道路と考えられている。ケンチュリアの方格とは方位が異なることに注目したい。ケンチュリアは、この段階では土地区分の線で表現されているものの、必ずしも現地の道路と合致する位置ではなかったものであろう。

さらに、このようなケンチュリア内には、右のような位置の記述に続いて「EXT　CLXIII

写真3-2　オランジュ地籍図（部分）

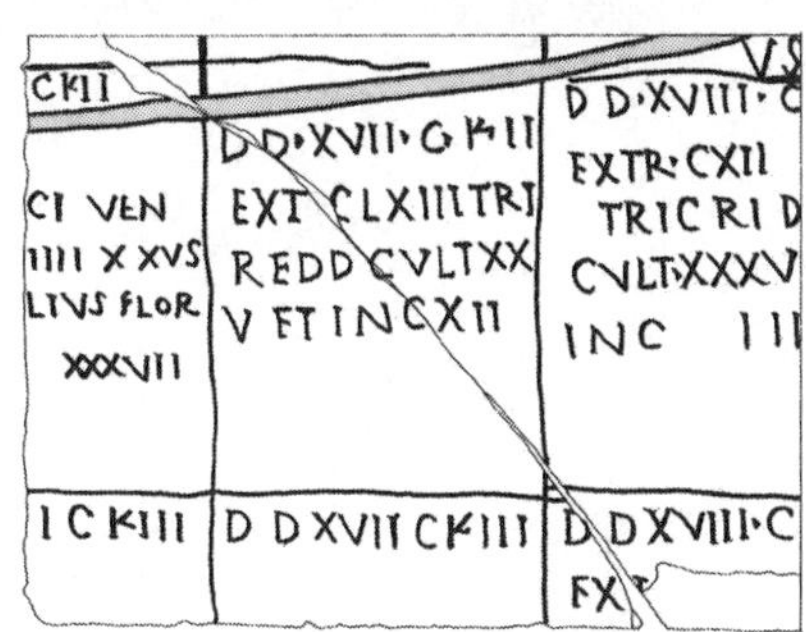

（出所）M. E. ベレ『オランジュ博物館の遺物と記録集』

TRIREDD CVLT XXV FTINC XII」と刻まれている。その内容は次のように解読されている。

ケンチュリア（二〇〇ユゲラ）のうち、一六三ユゲラをローマの退役軍人に割り当てて入植地とし、トリカスティニ人（もともとの住人）に三七ユゲラを戻したが、その内の耕作地は二五ユゲラ、残り一二ユゲラ（おそらく耕作不能地）であった。

規模はずいぶん異なるが、地種ごとの面積を記した日本の班田図や校田図の表現を彷彿とさせる記載である。

オランジュ地籍図に描かれたケンチュリアは現地の土地区画としては確認されていない。一方で北イタリアのイモラ付近の地形図では、図3－3のように碁盤目の道路網がみられる。碁盤目の一辺はほぼ七一〇メートルであり、谷岡武雄によれば、直交する直線道、エミリア街道とセリーチェ街道が基準であったと考えられている。

ただし、土地の賦与と入植のためのケンチュリアは、確かに青銅板上（オランジュ地籍図は大理石上）に表現されていたものであろう。しかしその碁盤目が、図3－3の地形図のように実際の土地に景観として存在するようになった経緯は不明である。おそらくは、日本の条里プランが条里地割として地表に存在するようになった長期にわたる過程と、なにかしら

図3-3 ケンチュリアの遺構（北イタリアイモラ付近地形図）

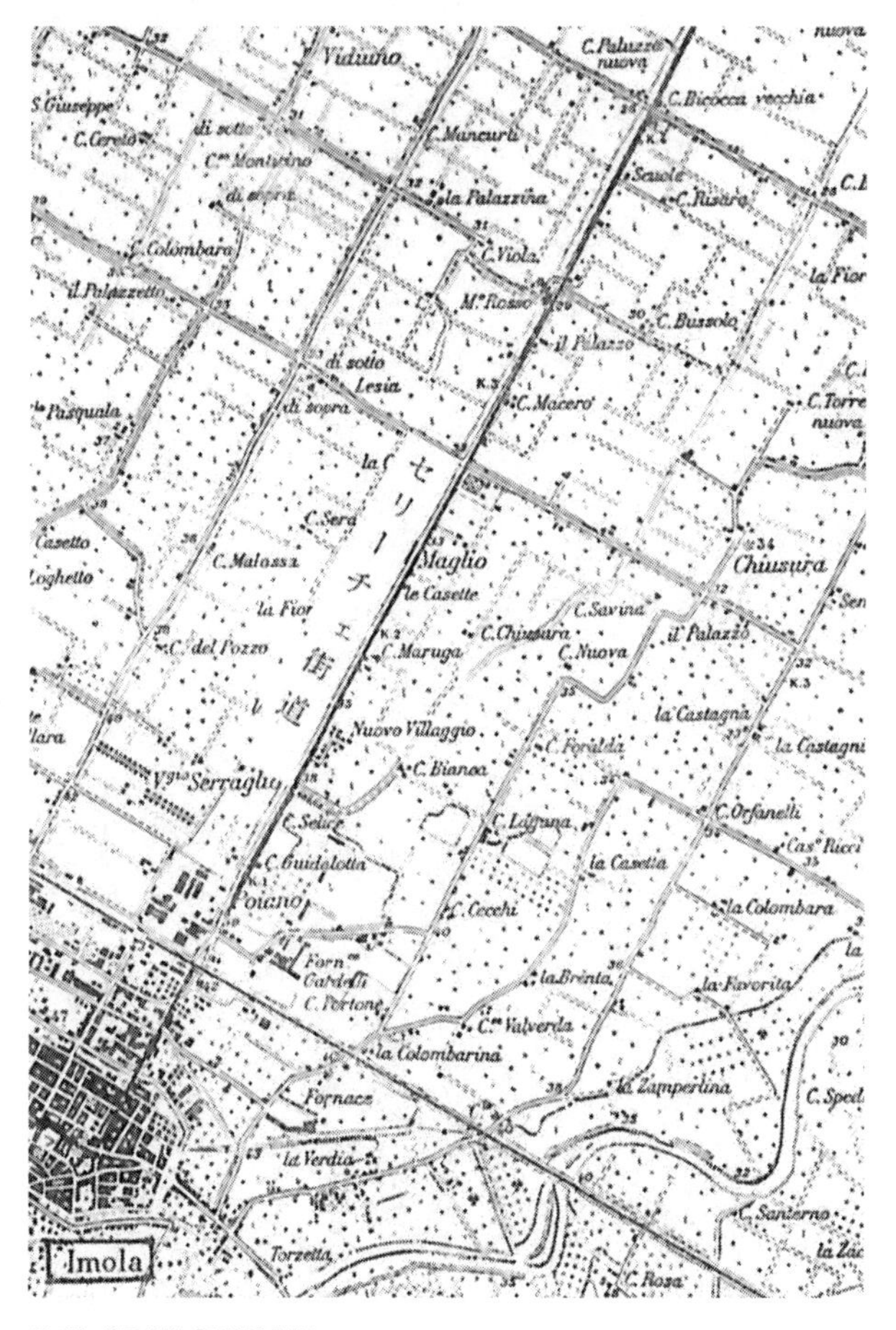

（出所）谷岡武雄『歴史地理学』

類似した過程が展開したと予測するのが妥当であろう。

このような碁盤目区画は、北イタリアのほかに、地中海岸のチュニジアの地形図上にも見られるという。ただしこれらがケンチュリアの遺構であったとしても、その分布は依然として、ローマの広大な版図の一部であったに過ぎない。

ケンチュリアは土地を配分するための方格プランであったから、少なくとも図上においては完全な碁盤目による土地計画であった。

また、よく知られているナポリ東南方のポンペイも各種の方格状街路からなっていた。ポンペイは古代ローマにおける植民都市であったが、紀元七九年のヴェスヴィオ火山の噴火によって埋もれていた。発掘調査によってそれが、ほぼ当時の状況のまま地上に出現している（一九九七年、世界文化遺産に登録）。

遺跡の家々の屋根は落ちているが、街路に面した建物の石壁や部屋の状況はほとんど当時のまま残っている。街路は石畳の舗装道であった。当時のポンペイ市街中央付近、やや西寄りの西北―東南道（ヴェスヴィオ通―スタビアナ通）のように、馬車が通ったと思われる石畳の道の両側に、一段高い石畳の歩道があった。

ポンペイの外形は卵形に近い不規則な形であるが、街路には方格状の部分が多い。中央北

図3-4 ポンペイの街路と街区

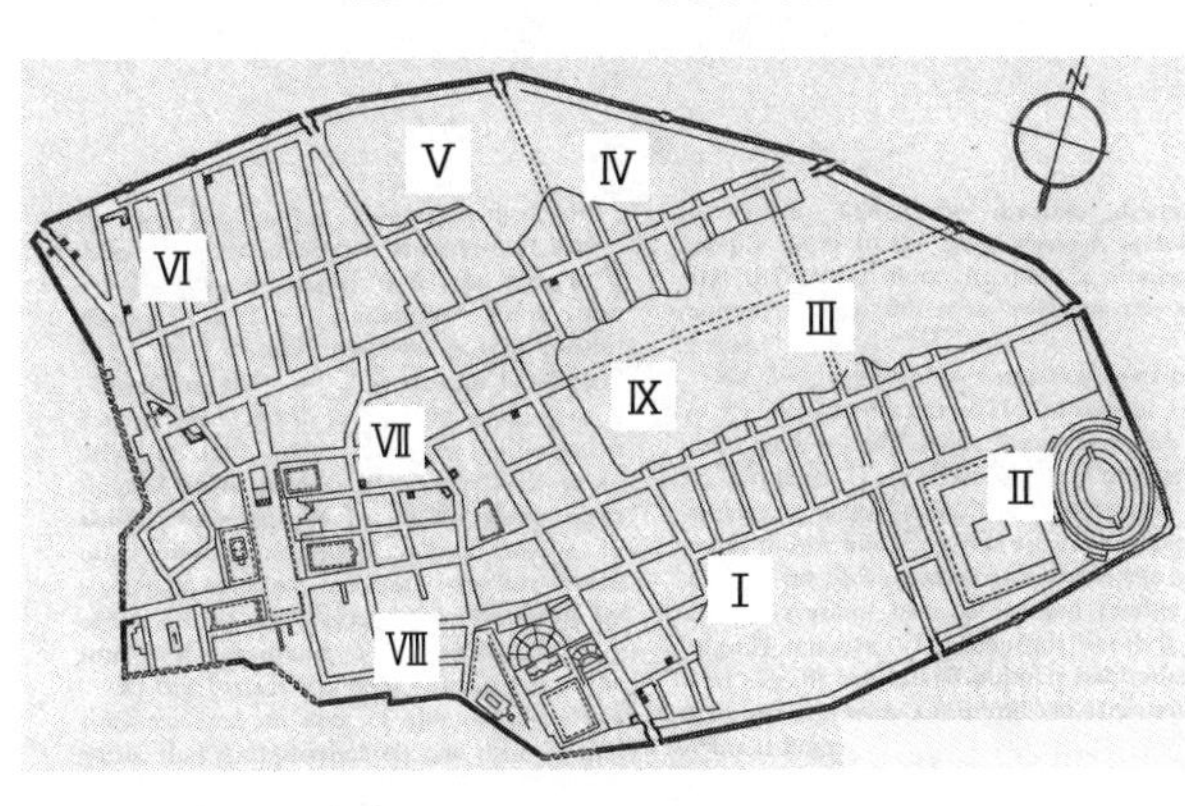

（出所）ポンペイ文化財保護局

寄りの十字路（東北―西南の直線道スタビアナ通と交差するフェルトゥーナ通・ノーラ通）や、中央南寄りの十字路（東北―西南道〈スタビア通とアポンタンツァ通〉）も同様であるが、いずれもやや斜交している（図3―4参照）。

中央北寄り十字路の西北部（一八五八年設定の調査用のⅥ区、以下同様）には南北方向のほぼ長方形の街区（東端・西端は三角形）が、西南（ⅦⅧ区）には、Ⅵ区の長方形区画の延長路や、湾曲した街路に区画された、不定形の街区が多く、浴場や大劇場などがある。

この十字路東南（ⅠⅡⅢⅨ区）には、中央南寄りに長方形の街区が、西寄りのスタビアナ通沿いにやや菱形に近い正方形の街区がある。

ポンペイの各部分は、このように方形を志向していることは明らかであるが、ケンチュリアのような完全な碁盤目ではなかった。

一方古代ローマは、はるか北のブリタニア（イングランド）をも占領して、ロンドンの基礎（ロンディニゥム、以下ロンドン）を建設した。ロンドンは、紀元一世紀ごろにテームズ川北岸につくられた植民都市であった。その後先住部族に焼き討ちされたがほどなく復興し、やがてブリタニアの州都になった。

発掘調査によって、一世紀末ごろに建設された、一辺約一七〇メートルの正方形のバシリカ（集会所・寺院地区）の存在が確認されている。さらにバシリカを中心に、南辺に沿って西北西―東南東に延びる道と、これとほぼ直交して中央から南南東へ、東辺から北北東へと直線道が延びていた（図3－5参照）。

バシリカ西北方には、紀元一二〇年頃に一辺二〇〇メートルほどの隅丸の正方形の砦が建設された。さらに三世紀初めには、砦を北西隅とした不整形な防御壁が建設された。

防御壁を除けば、方格に近い配置や道路が検出されているが、バシリカ南辺の直線道とテームズ河畔の間に、方位が異なって湾曲した道がもう一本確認されている。全体として、方格網は極めて不整形である。また、バシリカと砦は微高地に建設されており、その中間に

図3-5　ロンディニウムの遺構

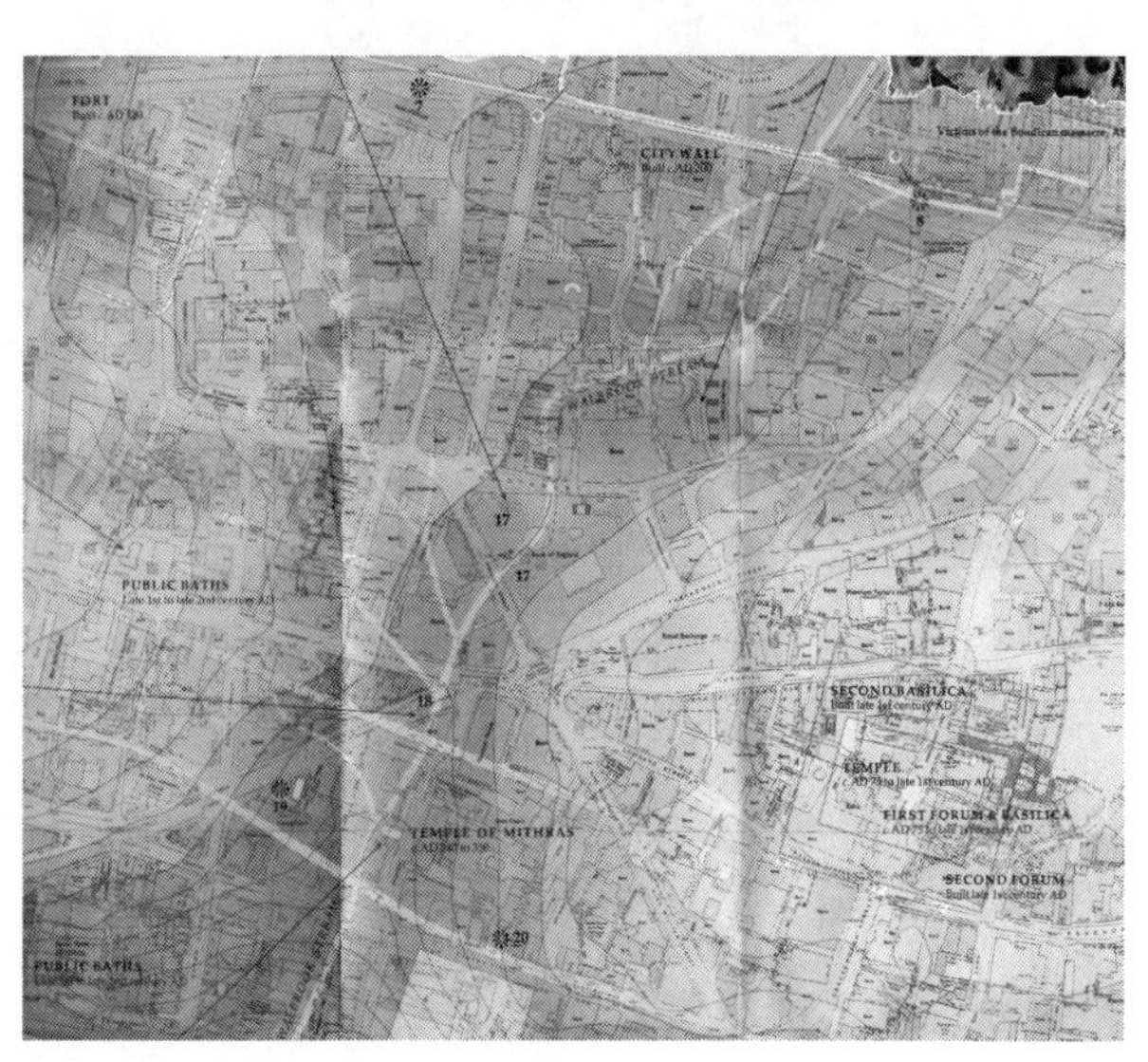

（出所）オルドナンス・サーベイ『ロンディニィウム』

は浅い谷部分が広がる地形であった。

防御壁内の道は、門から外部へと直線状に延びていたが、それぞれの道は目的地を短絡するルートであり、方位は多様であった。

防御壁としては、イングランド北部のスコットランドとの境界付近に残る、ヘイドリアン・ウォールや、アントニン・ウォール（いずれも長大な防御壁ないし長城）が著名であり、付近の南側（イングランド側）に方形の砦を伴っていた。しかし、これらの砦はロンドンの砦より規模が小さく、大きめの建物の規模であった。

ローマの古代都市に展開した道と街区は、全体として方格プランを志向したと思われるが、ポンペイやロンドンの場合などは、必ずしもそれを貫徹したものではなかったようである。都市の方格プランは、個々の建設計画によるもので、方格の変形や多様性が大きくなったのであろうか。

ローマ時代におけるロンドンの防御壁はこのように不整形であった。この時期の防護壁は、テームズ川北岸に、全体として中世ロンドンの囲郭都市とも類似した形で広がっていた。

中世ヨーロッパの囲郭都市

ライン下流沿岸のケルン（コロニア・アグリッピーナ、単にコロニアとも）もまた、ロンドンと同じころのローマの都市植民地であった。その後コロニアは、紀元四五〇年頃にフランク族に占領され、その一族リプアリアン王の本拠となった。八八一年にはノルマン侵攻によって破壊された後、再建されて一〇世紀末ごろには囲郭が形成された。一一八〇年にはさらに囲郭が拡大され、それ以来一九世紀まで、市街面積はほぼそのままであった。

図3-6　囲郭都市ケルン

（出所）M. メリアン「1646年のゲルマニア地誌」

図3－6は一六四六年に描かれたケルンの市街図である。市街主要部はライン左岸に半円状に広がり、右岸にも小規模な市街がみられる。同図では、左岸西南の縁辺と北部の縁辺、ならびに右岸の市街周辺には、ルネッサンス風の突起（星形）のある城壁が築かれている。一五七一年におけるメルカトールのケルン図にはこの城壁が描かれていないので、それ以後に建設され始めた城壁であろう。

ケルン市街地のライン左岸に近い中央部付近には、東西南北方向のやや方格に近い街路が見られ、ローマ都市に由来した部分であった。それ以外では不規則な網状の街路パターンであった。

やはりローマ都市起源のトゥリアー（ライン川支流のモーゼル川沿い）や、マイン川の架橋地点に発達したフランクフルトでも類似の状況であった。中世ヨーロッパの囲郭都市は、街路が不規則な網状のパターンであったことが特徴である。

ただし一七世紀のケルンに建設され始めていた、三角形の張り出しのある城壁は、銃や大砲などといった火器の発達に対応した、ルネッサンス期以来の要塞の特徴であった。この時期には、星形の要塞・城壁とともに、いくつかの理想都市のデザインもあった。その一つに近いのがマイン川支流のケーニッヒ川に囲まれたハーナウ（現ドイツのヘッセン州）であった。

一一四三年から文献に登場するハーナウは、図3－7中央左寄りにみられる旧都市と呼ばれた部分であった。一五二八年からルネッサンス都市としての城壁建設・新都市建設が始まったが、新都市は星形城壁に囲まれて、内部には方格の街路（同図下部）を有していた。新都市の中央部には、市（いち）が立つ中央広場はじめ教会や市役所などが配置された。

一方、スペイン地中海岸のバルセロナは、ギリシャやフェニキアの植民地として出発し、一四、一五世紀にはいびつなハート形となった囲郭に取り囲まれていた（図3－8左下（東南）の黒っぽく見える部分）。ほぼ真ん中の東北から西南にかけて河床跡があって二つの市

図3-7 ハーナウの方格プラン

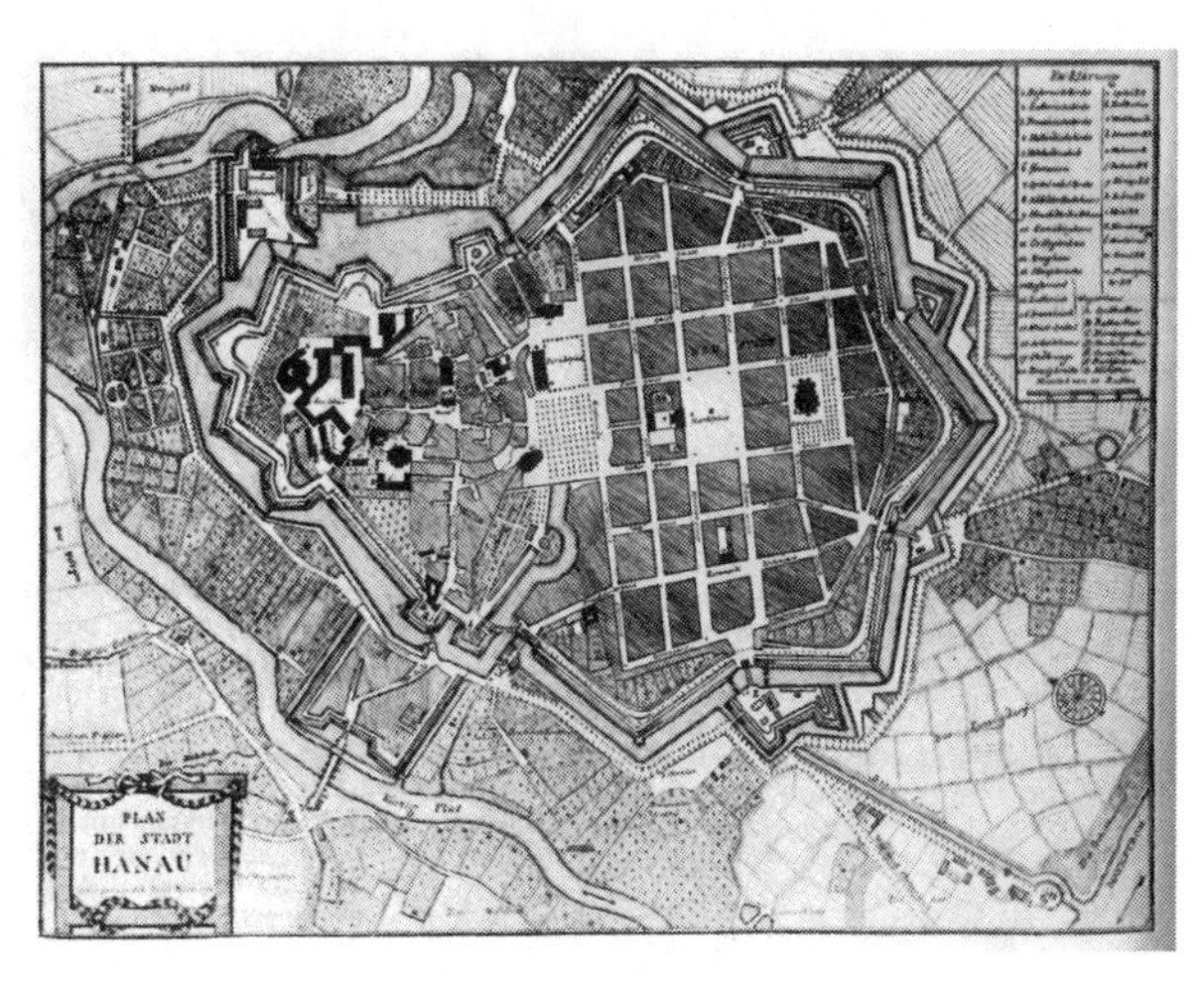

（出所）ガトキントによる

街地に分かれていたが、いずれも不規則な網目状の街路網からなっていた。

一七一五年には、囲郭は三角形の張り出しを持った形に変化しており、西南方の山の上と旧市街東北部に城砦が築かれていた。東北部の城砦が、とりわけ典型的な星形であり、ルネッサンス型の形態が採用されていた。

当時、東南の海岸近くの突出部（図3—8の囲郭と港湾を挟んだ東南側の黒っぽい部分）には、郊外住宅地が建設されていたことが知られる。住宅地の範囲は地形に制約されているが、方格街路を有していた。

さらに後の一八六一年には囲郭が取

図3-8　バルセロナの街路パターン（1861年）

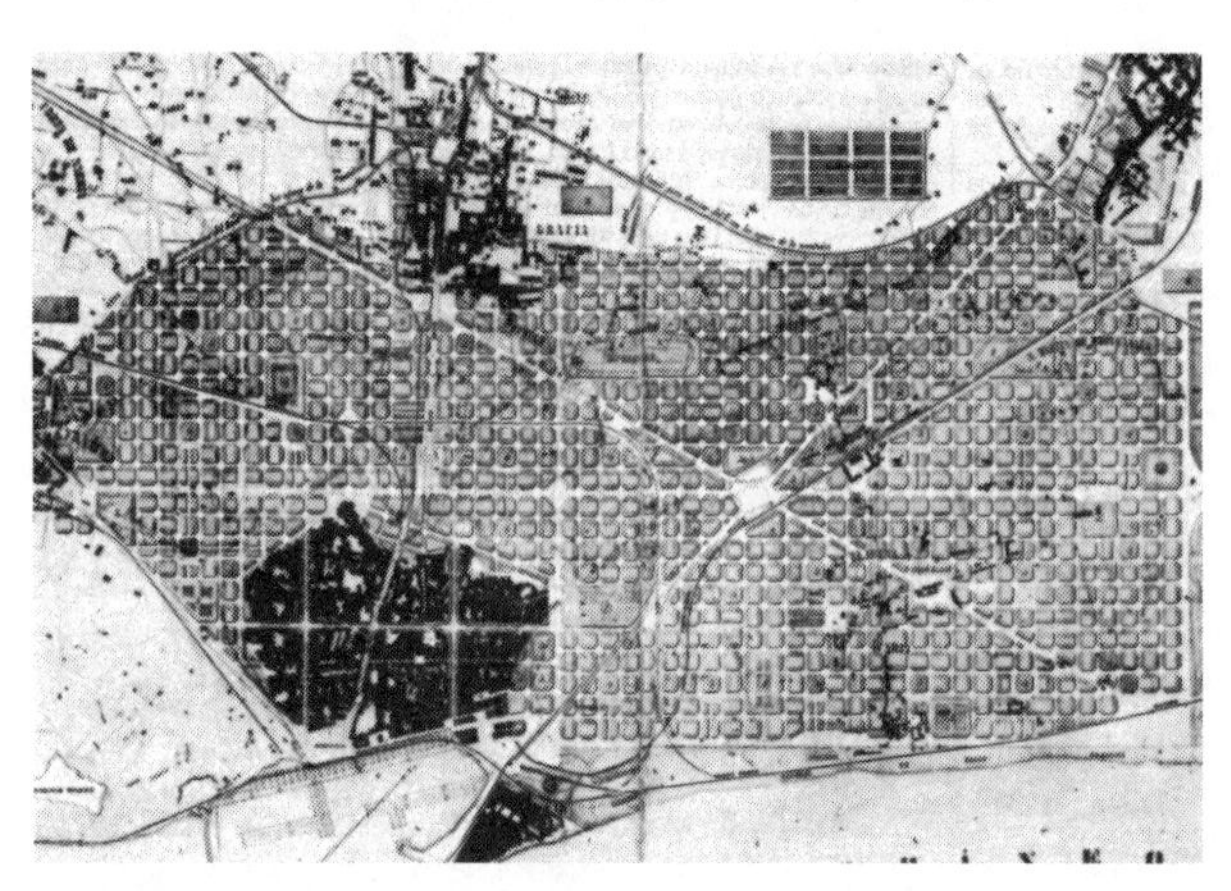

（出所）『バルセロナ地図帳』

り払われ、旧市街の西側から北側にかけて、西北―東南、東北―西南の碁盤目状街路が広く展開し、斜交街路を伴っていた。正方形の街区は角が丸められた正方形であり、建築物もそれに合わせて角が丸みをおびているか、角に面取りが施された形状となった。星形の城砦跡は公園となっていた。

方格街路と斜交街路の組み合わせによる都市計画は、後に改めて述べるように、すでに一八世紀末のアメリカ合衆国で出現していた。

中世ヨーロッパの長大な紐状の耕地

ローマ帝国が終焉した後、五世紀後半に

ゲルマン人の部族であるフランク人の王国が興った。このころフランクがケルンも占領したことはすでに述べた。八世紀後半から九世紀後半にかけては、このフランク王国が西ヨーロッパのほぼ全域を版図とした。その広大な王国はやがて分裂したが、ローマ帝国に代わる西ヨーロッパの新たな基礎となった。

人々は三圃制と呼ばれる、穀物栽培と牧畜を主とする農業の様式を営んだという。三圃制の農業を展開した村落は、穀物栽培用の長大な紐状（ラングシュトゥライフェン）の耕地と、その耕地群による耕区（ゲヴァン）からなる特徴的な形状の村落であった。

紐状耕地の大きさは一定していないが、幅数十メートル、長さ数百メートルもあり、緩やかな斜面にやや湾曲したさまざまな紐状耕地群として存在していた。穀物栽培の畑地は家畜に大きな犂（すき）を引かせて耕したので、犂の反転回数が少なくて済む点で、長大な紐状耕地が有利であったとされる。しかし、地力の維持と回復のために、三年に一度は穀物栽培をしない休閑が必要であった。

その休閑を耕区の単位で実施し、そこに家畜を放牧することによって地力の回復を図った。耕区はその単位でもあり、典型的には三の倍数の耕区からなっていて、三圃の名称の由来でもあった。また個々の農家にとって、所有する耕地面積と、放牧の権利のある家畜数が対応していたという。

ゲヴァン村落には計画的な開拓に由来するものがあり、とりわけエルベ川東方に多かったとされる。水津一朗の紹介によればフランクの国家植民政策では、長大な紐状耕地の幅によって農家の持ち分を設定したとされる。図3―9はその状況の名残がみられる村落である。確かに同図下部の集落の、各農家の幅で背後へと続く地条の痕跡がある。

同図にみられる集落の中央部には、道が広くなって広場となっている部分がある。広場は家畜を囲い込んで保護する機能を果たしたとされる。広場やそれを取り囲む農家からなる集落の形状は多様で、さまざまな形態分類がなされている。詳しい紹介は避けて、耕地の形状に戻りたい。

道沿いに長く並ぶ家々の背後に、長大な紐状耕地が広がる形状の村落もあった。この形状はエルベ以東に多く林地村（ヴァルトフーフェンドルフ）と呼ばれ、第1章で紹介した日本の台地上の近世新田を巨大にした形状であったといって過言ではないほど、平面形はよく似ている。

長大な紐状の耕地は北西ドイツでも見られる。集落の近くにエッシュと呼ばれる小高い台地があって、やはり長大な紐状の耕地が存在する。浮田典良の調査によれば、ヴェスト

図3-9　リグスホーフェン村の集落と耕地

（出所）イェーガー、水津一朗による

ファーレン地方のギンプテ村は集落周辺に四つのエッシュがあり、そのうちの一つは図3―10東南部の卵形の部分であった。

紐状耕地の区画（一八八八年以前）は同図のように、長いものでは四〇〇メートルにも及ぶ長大さであった。この図の時期には、村は五二戸の農家からなっていたという。図中に灰色で示してあるのは同一農家の所有地の例であり、いくつもの耕地群に分散していた。

このギンプテ村はもともと村役人的な二戸と一般の農家一一戸からなっていて、エッシュの周辺に広い共有地があったとされる。しかし一八三一年には共有地が分割され、権利・身分に従って配分された。耕地区画も分割されて長大な紐状になり、おそらくはさらに売買・相続などによる細分が続いた結果、同図のようになっていたことになろう。

このようなエッシュ村落は、研究の結果、もともと数戸からなる小さい集落とエッシュ上の耕地群からなっていたことが判明している。このような耕地のありようが、ゲヴァン村落にも影響を与えたという説も提起されている。

いずれにしろギンプテ村では、一八八八年に耕地区画が整理統合され、長方形に近いブロックに所有地がまとめられた。このような長大な紐状の土地区画は、中世ヨーロッパに広く展開したが、やがて姿を変えたことになる。

図3-10　ギンプテ村のエッシュと耕地
(左は1888年以前、右は整理統合以後)

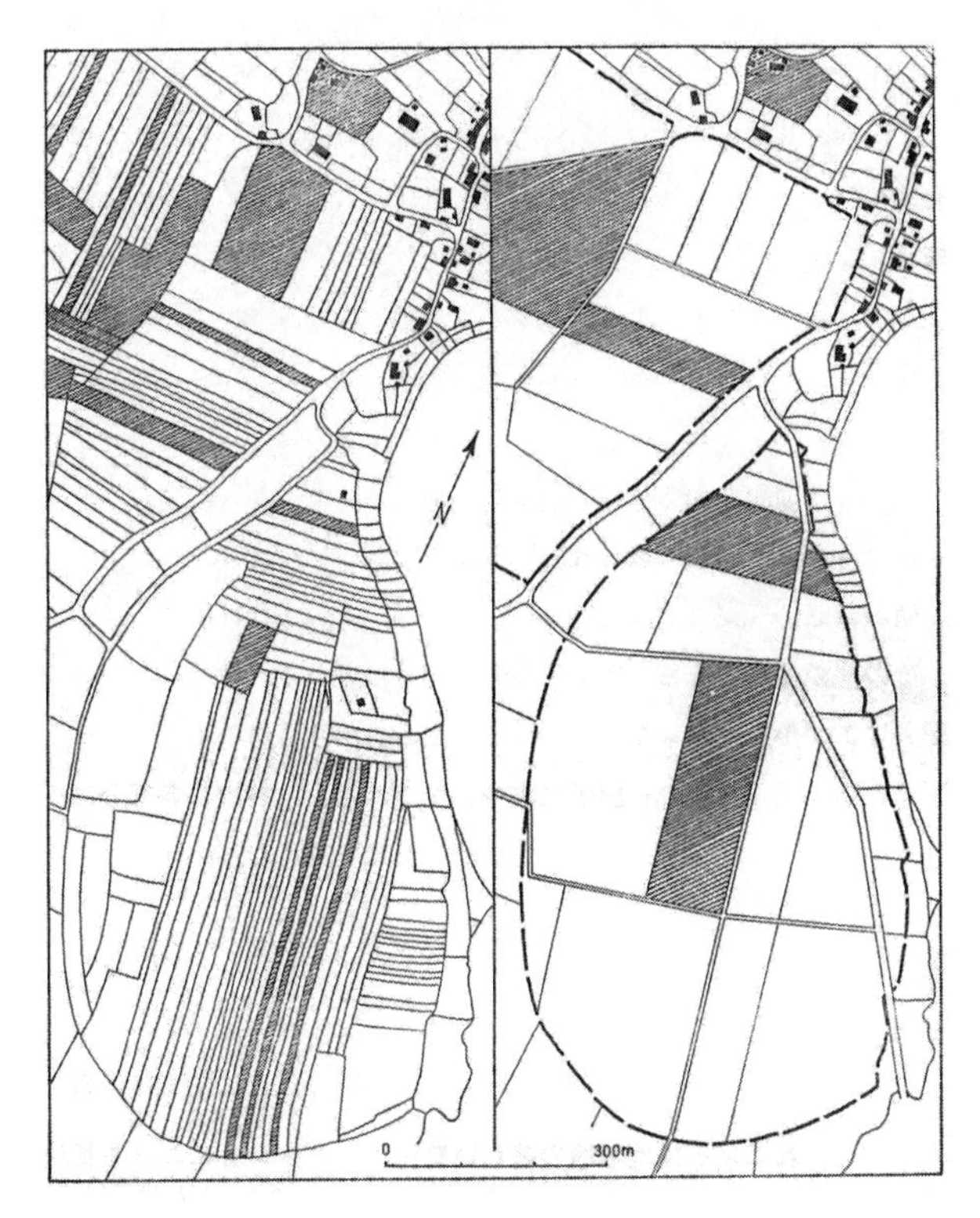

(出所) 浮田典良による

図3-11　ベームステル干拓地（1612年干拓）

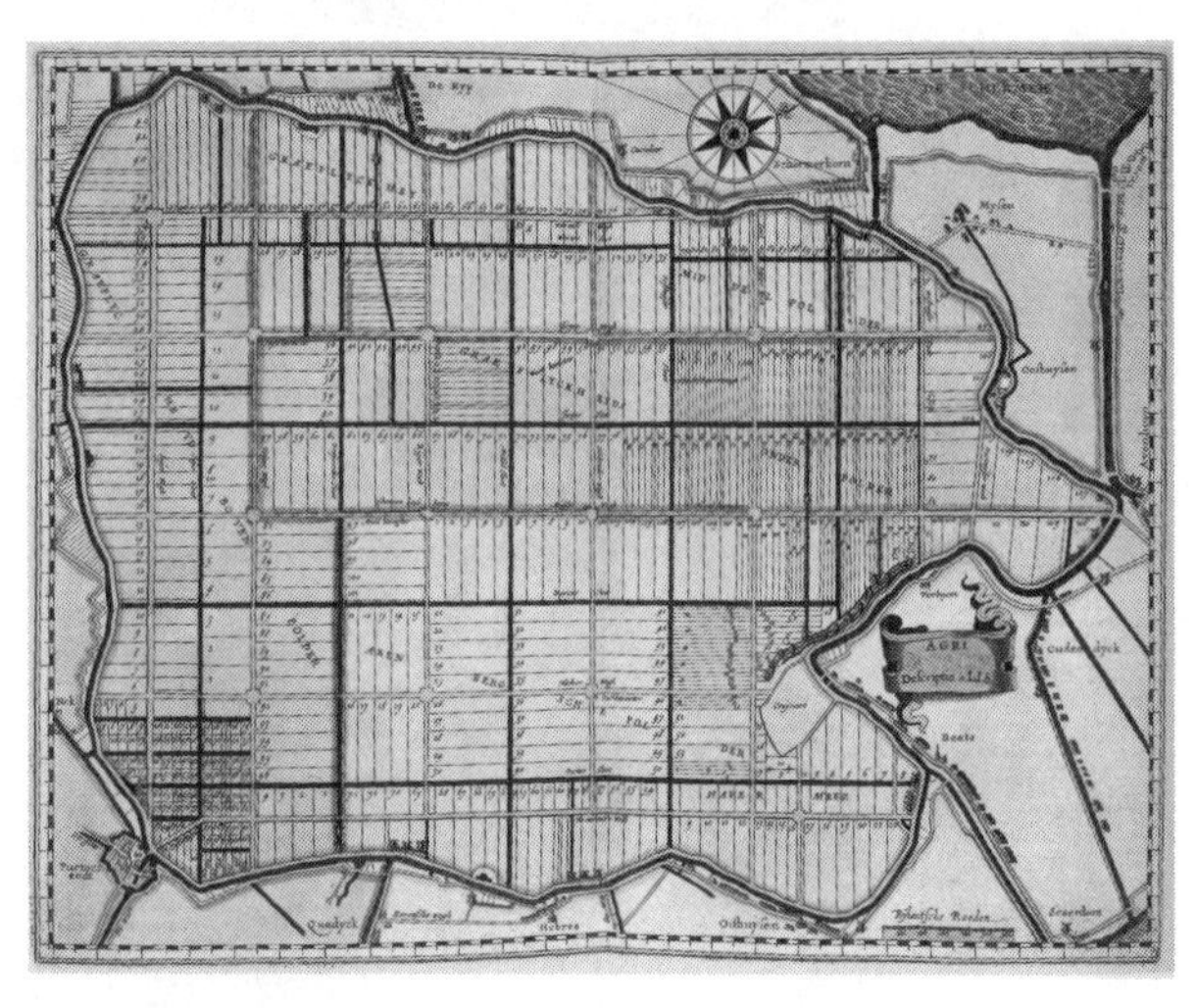

（出所）ブラウ世界地図帳による

オランダ・ポルダーの碁盤目区画

日本の有明海や伊勢湾の干拓地においては、中世・近世初期ごろに不規則な土地区画で造成されたが、近世後半ごろには大規模な干拓地において、計画的な方格の土地区画が出現した例をすでに紹介した。ヨーロッパにも干拓地が多く、中でもポルダーと呼ばれるオランダの干拓地は、一六～一七世紀に北海沿岸のゾイデル海周辺一帯に形成されたものだけでも三四もの数に上ったという。

一六一二年に形成されたのが、ゾ

イデル海西岸付近の湖沼を干拓したベームステル・ポルダー（世界文化遺産）である。建設は、アムステルダムの大商人を含む有力者など一三人からなる事業主体によってなされた。干拓技術の専門家であるレーフワーテルを雇って干拓されたという。ベームステルは、最大規模のポルダーの一つであり、図3－11の絵図に描かれたような土地区画であった。

同干拓地は、周囲を曲がりくねった堤防と水路に取り囲まれて、外形が不整形であるが、内部は上下（ほぼ西北—東南）・左右（東北—西南）方向の直線道と直線状水路によって方形に区画されている。上下方向に六本（ほかに短いものがある。以下同様）の水路と六本の道、左右方向に延びる四本の水路と五本の道がある。道と水路は、基本的に別々に設定されていて、それぞれの道と水路には個々の名称が付されている。

このベームステル・ポルダーの周辺部を除く一帯では、直交する道路ないし水路に区画された正方形の碁盤目区画となっている。また道の交差点は、各隅が拡張されて方形の小さな広場となっている。これらには、例えばミッド・ベームステルなどの名称が付されている箇所もあって、何らかの中心機能が予定されていたことを想定させる。

同ポルダー外周の堤防上には多くの排水用風車と家々が描かれ、またポルダー全体は、名称を付した四つの地区に分けられ、絵図では彩色によって区分されている。各地区内では、土地区画の一筆ごとに番号が記入されており、基本形状と思われる短冊形・長地型の地筆にも、またそれらが細分された細長い区画にも、地区ごとに地筆の通し番号が付されている。

　同図右下のスケールによれば、この正方形の一辺は約四〇七メートルである。内部が五筆の短冊型（一筆約三・三ヘクタール強）に区分されている場合が多いが、同図外には細長く長地型に細分されている区画もある。ポルダーは一般的に牧草地としての利用が多いが、現在の空中写真では、各筆をいくつかに区分して利用しているようで、写真では区分ごとに色調が異なっている場合が多い。牧草栽培や刈り取り等の単位を反映しているとみられる。地筆が所有・用益単位、その内部が複数の土地利用・農作業単位である。

　ベームステルの北方にはシェルメール（一六三五年に干拓）、さらに北方にはザイパ（一五五六年に干拓、一五七〇年に洪水で湛水、一五九七年に再干拓）のポルダーがある。いずれも規模が大きく、平行な直線状の道と水路が建設されており、一筆の土地区画も短冊型であるが、ベームステルのような碁盤目ではない。

　ベームステルのような碁盤目区画の出現は、ローマのケンチュリアからははるかに遅れた時期なので、その由来も異なると思われる。しかし、前述の干拓技術の専門家であるレーフワーテルが関わったことは確かであるが、土地区画の碁盤目の系譜は定かではない。ここでは干拓主体と設計・実施者による造成としておきたいが、平坦な干拓地であったことが背後の基本条件にあった。

ベームステルの方格プランは、ドイツの長大な紐状の耕地とも全く異なる土地区画であった。また、後に北アメリカで展開した、タウンシップと称される碁盤目の土地計画とも別であった。その意味では、平坦なポルダーで展開した特例であり、日本の近世後半に出現した干拓新田の方格プランと類似する。

ところで、北アメリカで展開したタウンシップとは、もともとイングランドで使用されていた用語であった。しかしイングランドでの実態は、碁盤目の土地計画とは全く別のものであった。次にそれを眺めておきたい。

イングランドのタウンシップ

イングランドでは、ケンチュリアの方格プラン実施の資料は見つかっていないが、ケンチュリアと類似する一〇〇を意味する地域単位の語が使用されていた。ハンドレッドである。

古代ローマの衰退後、中世イングランドの地方行政領域は、まず郡（シャイア、一一世紀のノルマン征服後はカウンティとも）であった。郡を構成したのが、このハンドレッドであった。

ハンドレッドは、九〜一〇世紀ごろに導入された行政単位で、一九世紀まで存続していた地域もあった。もともと一〇〇家族ないしその土地に相当する一〇〇ハイドを基礎としたものと考えられており、徴税単位や兵役負担の単位でもあったとされる。このハンドレッドと類似する規模の領域を指す用語として、タウンシップの語も使用されていた。

タウンシップ（township）はイングランド起源の言葉であるが、意味と役割は大きく変化した。もともと領域の単位であるトゥーンの住民を意味する、トゥーンスィップ（tunscipe）が語源だとされる（『オックスフォード英語辞典』）。このタウンシップの語が、後に述べるような方格の土地制度・土地計画の単位として、広く北米で使用されるようになり、その影響の先端は明治の日本にも及んだ。タウンシップの意味と対象が、大きく変化したのである。まず、簡単に初期の経過をたどっておきたい（金田『タウンシップ』）。

一五世紀末ごろから、イングランドでは有力者が共有地を専有し、放牧地として囲い込むという動向が盛んになった。これにかかわってタウンシップを、「耕作する土地と、そこに乳牛・肉牛・羊などを飼うことのできる共同放牧地とからなる範囲」と説明した史料（一五三九年）があり、村落の具体的状況を表現している。要するにタウンシップは、イングランドの伝統的な農村コミュニティの領域を意味したといってよいだろう。

考古学的に確認された例では、ヨーク東方の集落ワラム・パーシーがあり、街道沿いの教会を含む家並みと、背後の細長い畑の地条からなっていた。この集落は、一〇八六年のドゥームズデイ・ブック（ウィリアム一世が行った検地を記録した土地台帳）にも掲載されており、伝統的な構造を示しているものであろう。先にヨーロッパ大陸の三圃制について紹介したが、イングランドではそれと類似した二圃制が存在したという。

このころ一方で使用されていたパリッシュとは、本来キリスト教の教区を意味した。ところが一七世紀には行政単位としての機能を強め、後に「シヴィル・パリッシュ（行政教区）」と呼ばれる下位の行政単位へと変化することとなった。しかし当時は、パリッシュの領域の中に複数のタウンシップが含まれているのが普通であった。中には、一つのタウン（町）と、三つのタウンシップからなっていたパリッシュの例もあった。

このようなパリッシュに対して、一六六二年施行の貧民法では、パリッシュが貧民救済の実施単位としては大きすぎるとした。同法では、「タウンシップまたはヴィレッジ」に「二人以上の貧民救済委員」を設置して貧民救済を実施するように規定していた。つまり、伝統的な農村コミュニティの領域であったタウンシップを、行政単位となったパリッシュに準ずる機能をも持つものとしたのである。

一七世紀には、このようにイングランドのタウンシップは、農村コミュニティの領域としての存在から、次第に行政単位としての機能を加えるようになった。しかし、このタウンシップは、伝統的な集落と耕地および共同放牧地からなる領域であり、規則的な方格の区画などとは、全く別のものであった。行政の下部単位としては、ハンドレッド、パリッシュ、タウンシップが類似の状況で併存していたのである。

このような状況であった一七世紀の早い時期に、メイフラワー号に乗ったイングランドの清教徒（ピューリタン）一行が、北米大陸のプリマスの地（ボストン東南方）に入植した（一六二〇年）ことがよく知られている。

次章で述べるように、後にニューイングランドと呼ばれることになる北米東北部において、タウンシップと称する土地計画が次第に整った土地制度となり、碁盤目の土地区画を設定していくこととなる。

第 4 章

新世界の土地計画と碁盤目

不整形から方形のタウンシップへ

一六二〇年、イングランドから北米へ、移民を乗せたメイフラワー号が渡航し、「ニューイングランドのプリマス・カウンシル」という英国最初の植民地組織を作った。

ジョン・レップスの紹介によれば、プリマスの集落は「二列の家々とまっすぐな道」からなっていた。一六七五年までには、これに加えマサチューセッツ湾植民地とコネティカット植民地ができていた。これらはやがて「ニューイングランド植民地連合」を結成し、一六八六年には英国のニューイングランド自治領となった。

これより先に、ニューイングランド北方のセントローレンス川流域には新フランスがあり、南方には新ネザーランド（オランダ、後に英国領ニューヨーク植民地）があった。大西洋岸のさらに南には、英国領のペンシルバニア、メリーランド、ヴァージニア、カロライナ、ジョージアなどの植民地が成立した。

マサチューセッツ湾植民地では、一六四〇年頃までに湾岸の平地を中心に入植が進み、多くの「タウン」を形成した。「タウンシップ」の語が初めて『議会関係文書（マサチューセッツ州議会図書館蔵）』に出てくるのは一六四七年で、これらのタウンの領域を意味していた。

当時のタウンシップの領域は不整形な範囲であったが、列状あるいはやや不整形に交差する道に沿った集落と、背後に延びる紐状の耕地からなっていた。母国と同じく紐状の耕地が所有・耕作の単位、紐状耕地の連続した一群が休閑・放牧の単位であった。

やがて一六八五年には、ナラガンセット・インディアンとの戦いに従軍した兵士に対する土地給付の規定として、タウンシップの領域が明瞭に表現された。給付用地は「ナラガンセット・タウンシップ」と称され、「八マイル四方の土地」（後に「六マイル〈九・七キロメートル弱〉四方」と改定）とされていた。

改定後の六マイル四方（二万三〇四〇エーカー〈約九二一六ヘクタール〉）のタウンシップとは、少なくとも六〇家族の入植用地であり、「土地状況が許す限り規則的な形状に配置する」（『議会関係文書』）とされていた。しかし、マサチューセッツ湾岸の四つの郡におけるタウンシップ（タウンの領域）の形状は、依然として不規則であった。

やがて内陸へと入植が進展するとともに、同植民地中央部のウースター郡において方形のタウンシップが出現した。屈折した直線で区画されていたものの、不整形で大きなルートランド・タウンシップが五分割され、そのうちの二つが菱形であった。その一つは、一七四九年までに議会の許可を得て成立したバール・タウンシップであり、一七九四年には図4－1

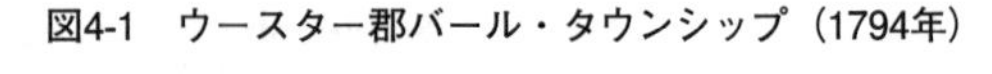
図4-1　ウースター郡バール・タウンシップ（1794年）

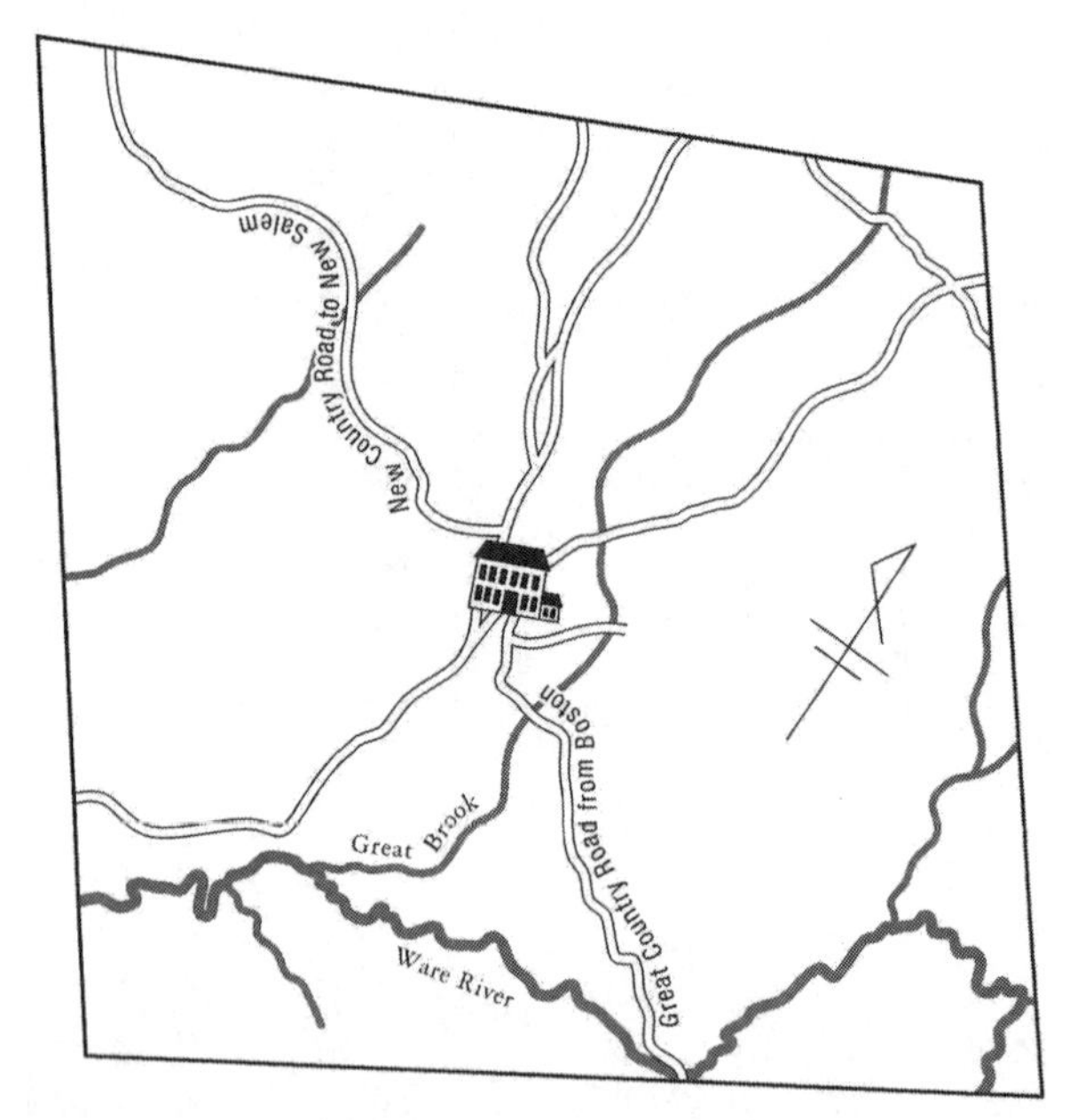

（出所）金田、2015年（原図はマサチューセッツ州議会図書館蔵）

のような状況であった。

同図にみられるように、一辺六マイルの方形であるがやや菱形になっており、中央に集落ないし施設の表現がある。しかし、内部の河川が屈曲しているのは自然だとしても、道路もまた湾曲した不規則なパターンであり、方格はタウンシップ内部に及んでいなかったのであろう。

マサチューセッツより西側のコネティカット植民地でも、内陸におけるタウンシップの形成が進んだ。一七六一年の地図（連邦議会図書館蔵）では、図４－２のような設定状況と設定予定区画であった。

同図に表現された個々のタウンシップの形状は、ほとんどが方形ではある。ただし、コネティカット川などに沿って設定された屈曲した配列で、それぞれがやや異なった方位であった。

このように一八世紀中ごろには、入植地ないしその予定地の設定は次第に方形となった。「土地状況が許す限り規則的な形状に配置する」という方向性の実施でもあった。方位のそろった配置ではなかったが、この動向はニューイングランド全体に共通した。

さらに、土地分譲のために、タウンシップ内部に方格状の細分が行われた場合もあった。マサチューセッツ北部のニューハンプシャー植民地（一六九一年分離）では、一七五二～五三年に測量された「タウンシップ№１」の地図（ニューハンプシャー歴史協会蔵）が残り、やや菱形にゆがんだ方形を呈したその領域が、南北一三区画、東西二一区画に細分された様相が描かれている。細分された内部区画（ロットと称されていた）も方格ではあるが、やはりゆがんだ長方形であった。

図4-2　コネティカットのタウンシップ（1761年）

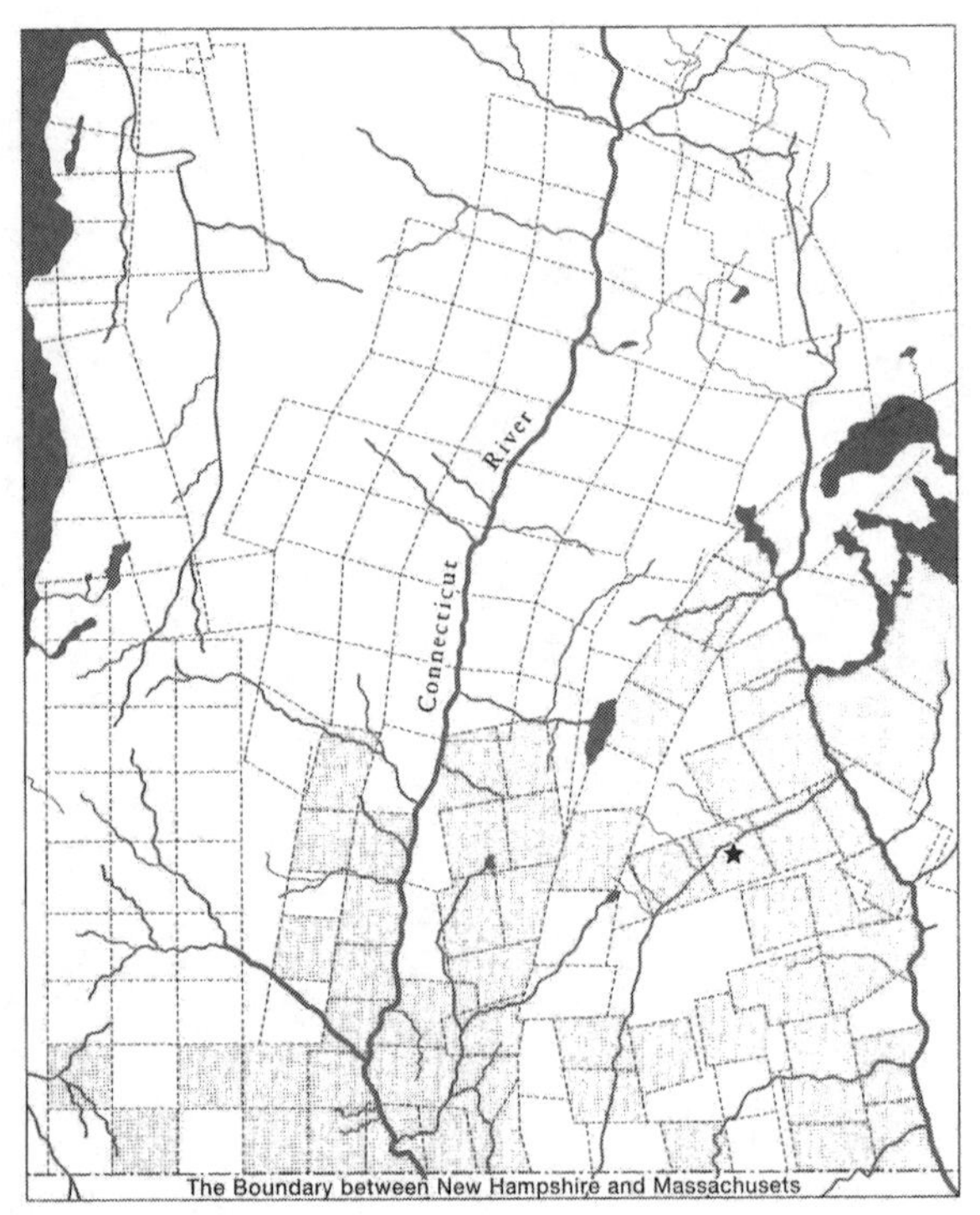

（出所）金田、2015年（原図は連邦議会図書館蔵）

ニューイングランドの諸植民地では、入植地に設定する領域をタウンシップと表現することも定着した。それが方形に設定されるようになったことも共通した。しかしニューイングランド以南の大西洋岸における植民地によっては、このほかにも多様な形状や用語が使用された。それらの用語はいずれも、すでに述べたようにイングランドで併存して使用されていた名称である。

ペンシルバニアの場合、同植民地のホーム測量長官作製による地図（推定一六八七年、連邦議会図書館蔵）に表現された「タウンシップ」は、方位・規模がさまざまな長方形または不整形な形状であり、同図には類似の状況の「マナー」も描かれている。

また、英国とオランダとの戦争の後、新ネザーランドは英国ヨーク公領ニューヨーク植民地となっていた。同植民地では、ヨーク公の指示の下で、ヨークシャーでの行政単位の名称を引き継ぎ、郡とタウンないし「タウンシップ」のほか、「ワッペンテイク」と「マナー」と称する行政領域が設定された。

このほかの植民地でも、イングランドで使用されていた別の用語も使用されていた。メリーランドでは「ハンドレッド」と「パリッシュ」が、ヴァージニアでも「ハンドレッド」の語が使用された。カロライナではいくつかの方形のタウンシップと、その一つ一つを取り囲む、やはり方形の「パリッシュ」が設定され、ジョージアでも不規則な領域の「パリッシュ」が設定された。

タウンシップが次第に方形の形状となったことはすでに述べた。その内部にもまた、先に紹介したニューハンプシャーの例のような、方格状の区画への分割例があった。

しかし土地の具体的な配分単位や所有単位は、不規則な形状のままであることが多かった。当時は、ミーツ・アンド・バウンズと呼ばれる土地の境域設定法が多かったからである。目標の土地の周囲に、目印地点をいくつか設定し、それらを連ねて境界線とする測量方法であった。

この方法は確かに、入植目的にふさわしい土地を囲い込むことができる点で便利であった。しかし、早く占有したものにとって有利であっても、遅れたものにとっては不利であった。また不規則な形状の所有地群が成立したため、道路建設などの際に複雑な調整作業が増大することも問題であった。

方形タウンシップへの試行

北米大西洋岸における一三の英領植民地で構成された「大陸会議」が、アメリカ合衆国としての独立宣言を採択したのは一七七六年であった。一七八四年には、各州（旧植民地）へのウェスターンランド（オハイオ川北西部の土地、現オハイオ州）の割譲を認めた。

大陸会議（ウェスターンランド割譲認可の年に連邦政府となった）はヴァージニア選出の代議員ジェファソン（後の第三代大統領）を委員長とする委員会を設置して、測量・売却と、諸州への割譲・編入等を調整した。ジェファソンはこれに先立ち、ウェスターンランド以西における新州への分割案と、各新州内部の土地区画案を、次のように構想していた。

その構想によれば、緯度・経度各二度分ほどの一辺からなる方形を新しい州域とし、州域をさらに、経度一〇分を一辺とする正方形に分割するものであった。経度一〇分相当の距離は一〇「地理マイル」とされ、六〇八六フィート強（一八・六キロメートル）に相当した。これは、通常の「法定マイル」の約一・一五倍であった（以下、特に地理マイルと表現しない限り、すべて法定マイル）。この正方形の区画を「ハンドレッド」と称し、さらにそれを東西南北に一〇等分して、各区画（「ロット」）に一〜一〇〇の番号を付す、という構想であった。

ジェファソン案にあるハンドレッドという名称は、先に述べたように選出母体のヴァージニアで使用されていた領域単位名であり、英国起源であったことは繰り返すまでもない。ただし、ニューイングランドにおいて出現した六マイル四方のタウンシップに比べると、面積は約三・七倍の大きさとなる。

ほどなくヨーロッパへ出張したジェファソンから、委員長がグレイソンに代わった。その委員会ではこの案を検討して、ハンドレッドの名称をタウンシップに変え、大きさも六マイル四方とした。つまり、ニューイングランドと同規模のタウンシップであり、その南北の列を「レンジ」と称することとした。六マイル四方の各タウンシップは一マイル四方（六四〇エーカー）に細分され、その名称もロットから「セクション」に変更して、一～三六の番号を付すとした。この土地計画を盛り込んだ土地法は一七八五年に成立した。

この土地法ではオハイオ川西岸における七つのレンジ（「セブンレンジズ」）の設定をも定めていた（図4－3参照）。方格網設定の基準は西側と北側の直線であり、タウンシップ数は各レンジに最多で一五区画であった。

タウンシップ番号の起点（タウンシップ№1・レンジ№1）は測量の起点と異なり、図のようにオハイオ川西岸であった。このタウンシップは、セクション二九・三〇および三四～三六だけからなる、河岸の小さな断片であった。

ウェスターンランドにはセブンレンジズのほか、コネティカット西部保留地、合衆国陸軍

図4-3 セブンレンジズとタウンシップNo.1、レンジNo.1

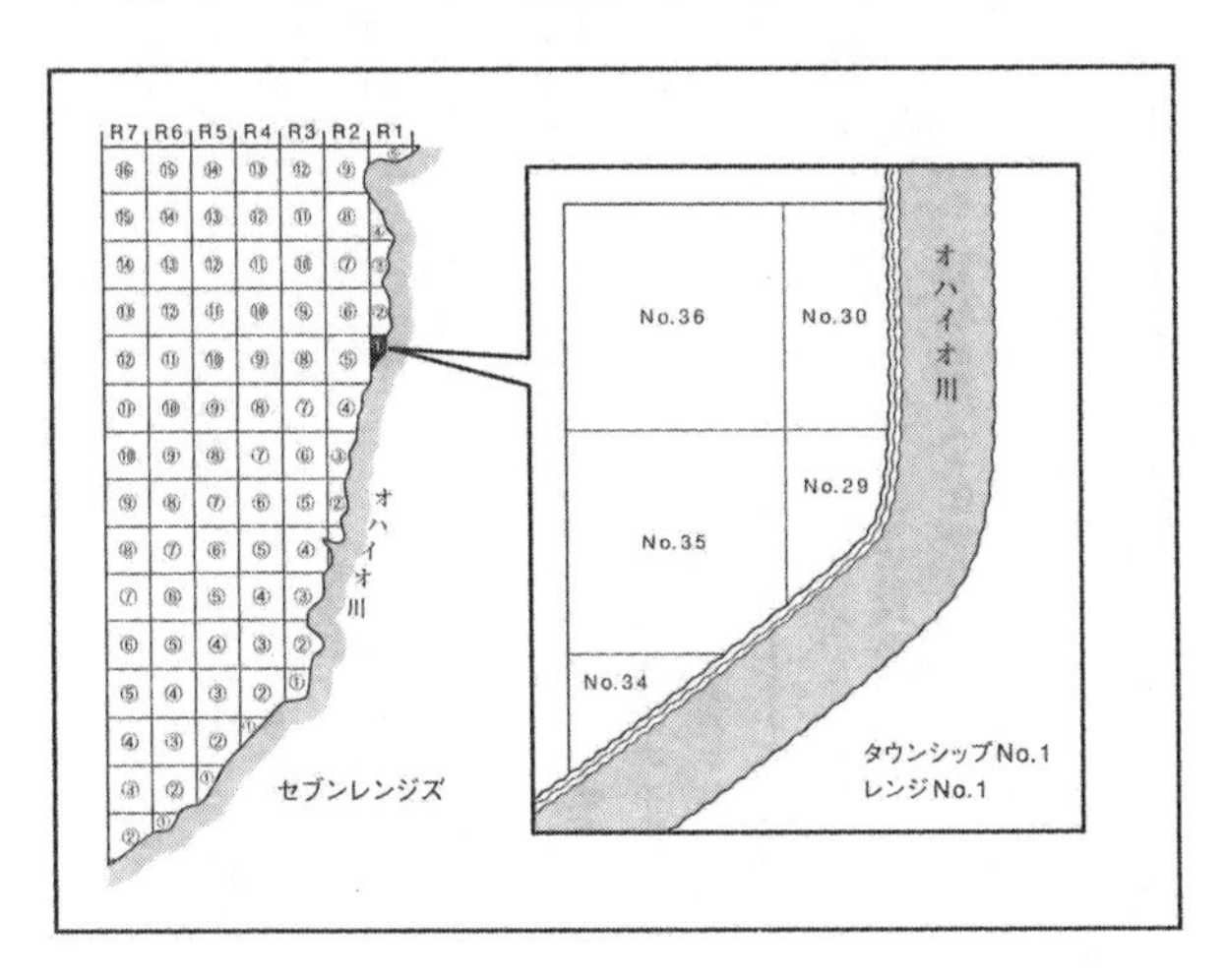

（出所）金田、2015年

保留地、ヴァージニア陸軍恩給地、オハイオ会社購入地、シムズ購入地など、いくつもの保留地や、割譲ないし販売の単位があった。これらの単位ごとに方格の測量と設定が実施されたので、相互の位置や方位に若干のズレがあった。

しかも、退役軍人への恩給地一〇〇エーカー単位の配分に便利だとして、五マイル四方のタウンシップ（コネティカット西部保留地、合衆国陸軍保留地など）も設定された。さらに測量経費節約のために測量線が削減され、あるいは販売の便宜のためにセクションを四等分（クオーター）した区画も設定された。このような過程の結果、ウェスターンランドは、全体としていくつかの方格の土地計画群からなるパッチの状況となった。

やがて、やはり測量経費の節約を主目的とし、六マイル四方のタウンシップに回帰したが、測量単位ごとのズレや、測量の不正確さも問題となっていた。一八〇三年にはオハイオ州が成立したが、例えば西側の境界線（経線）も正確には測量できていなかった。この州境線が西側に一度ほど傾いていたことは、後で判明した。

米国のタウンシップ制度と村落

一八〇三年、それまで測量責任者であったパットナムに代わって、マンスフィールドが測量長官となると、天体観測を含む新たな測量技術を適用し、正確な測量に基づく正しい経線と緯線の析出に成功した。マンスフィールドは、州境の経緯線や、タウンシップ境界の基準となる主経線（プリンシパル・メリディアン）と東西基線（ベースライン）の設定を始めた。

インディアナで始めたこの方法は連邦財務長官の支持を得、次いで新設の連邦公有地管理総局によって詳細に具体化され、さらに後任の測量長官によっても実施が継続された。一八三〇年代にはまず中西部の丘陵地帯へと拡大し、一八五〇年になると大陸西端の太平洋岸地

図4-4 アメリカ合衆国の主経線と東西基線

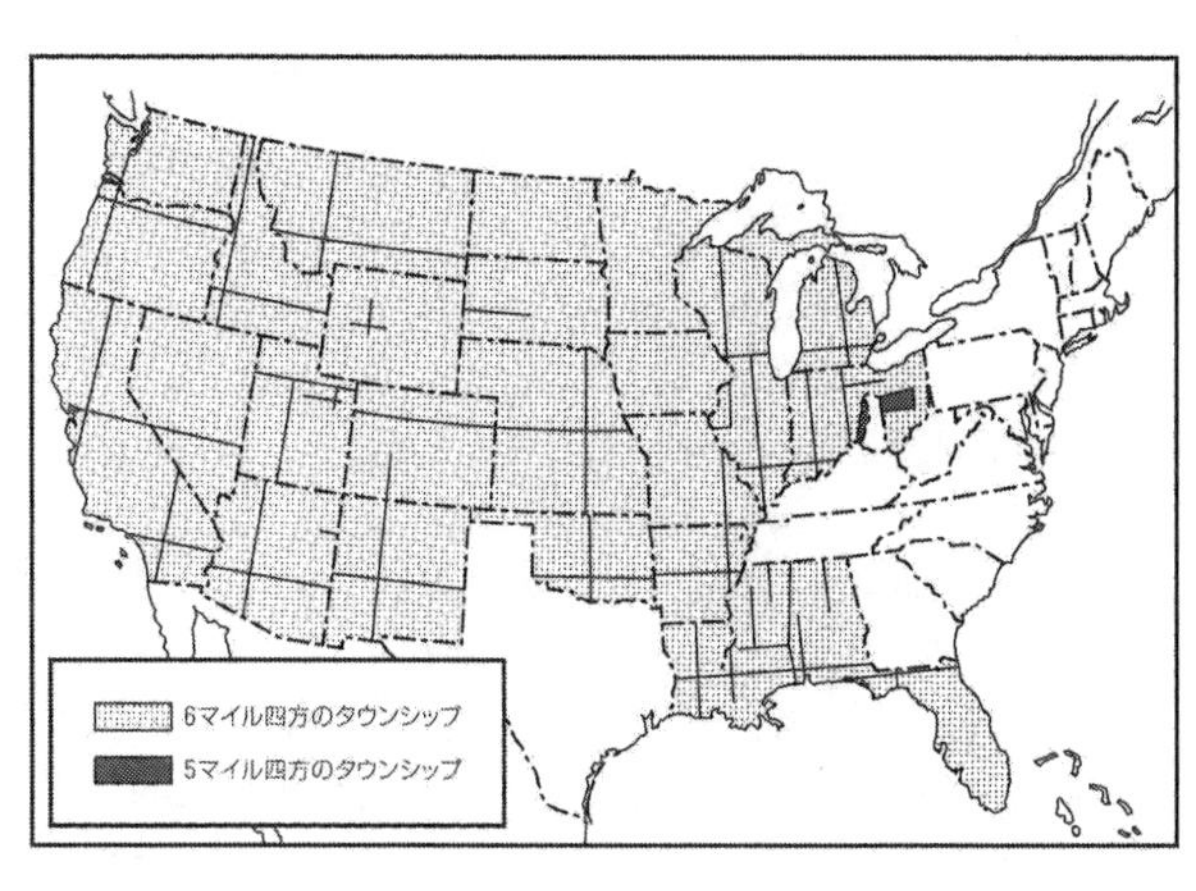

（出所）パティソンによる

域でも測量が始まった。

公有地測量と呼ばれたこの土地計画の策定によって、アメリカ合衆国全体に三一の主経線が設定され、タウンシップ・システムが三〇州をカバーすることとなった（図４－４参照）。

六マイル四方のタウンシップは、主経線と東西基線の交点から四方へ番号を付され、例えば「ミシガン主曲線タウンシップ九北、レンジ一二東」などと称された。この場合、主経線と東西基線の交点から北へ九番目、東へ一二番目のタウンシップを示すこととなる。

タウンシップの内部は一マイル四方の「セクション」に区切られ、一～三六の番号を付された。右に例示した位置のタウンシップでは、北東隅が一番で西に六番まで数え進み、南側へ折り返して東へ進む形を繰り返して南東隅が三六となる。先に説明した、日本の条里プランの千鳥式坪並と同じ番号の付し方である。

タウンシップの設定とともに、開拓・入植の進行をにらんだ地域計画もあった。タウンシップの中央のセクションや、それと四隅の間の四セクションを公共用地・学校用地などとして保留する形や、これより保留地を減らす形なども考案された。

さらに大きな役割を演じたのは、一八四一年の先買権法や、一八六二年の自営農地法（ホームステッド法）であった。いずれも、小規模自営農となる入植者増とその定着をはかり、さらに増加させるために、次のような便宜を図った。

まず先買権法では、アメリカに定住する予定の二一歳以上（未亡人・独身者を含む）の人物が、販売予定の土地に一四カ月以上の居住実績（居住開始時点では単なる占拠の場合も）があれば、その土地を優先して購入できるとした。

後者の自営農地法では条件がさらに緩和され、一六〇エーカー（六四ヘクタール）を入植者に無償で払い下げるというものであった。条件は二一歳以上であること、五年間以上の農業の経験かあること、入植した土地（この時点では未開拓地）に一五平方メートルほど以上の家を建てること、といった三点のみであった。この政策は、英国でヨーマンと呼ばれた新興小規模自立農のような農家を育てることにあったとみられる。

このような政策の変化に伴い、タウンシップ内部の土地の販売や区分の方法もいろいろ変化した。先に例として紹介したミシガンのタウンシップでは、すでに一八三三年の規定のもとで、土地の細分が計画されていた。一マイル四方のセクション（六四〇エーカー＝二五六ヘクタール）を四分割した「クオーター（一六〇エーカー）」や、各クオーターをさらに四分の一とした「クオーター・クオーター（約四〇エーカー）」などの単位を設定して、販売・入植に応じるものであった。

これらの政策によって、北米のフロンティアは急速に西へと進んだ。

米国の都市と方格プラン

ニューイングランド初期の不定形なタウンシップの時期は別とし、タウンシップ制が確立して以後、特に先買権法や自営農地法は、いずれも入植地への居住を前提としていた。この制度の下における米国の中西部以西の農村地帯では、基本的にそれぞれの所有地に農家が点在する、散村が展開することとなった。

都市もまたニューイングランドでは、ボストンをはじめ不定形・不規則な市街であり、オランダ領を継承した後のニューヨークでも同様であった。ルネッサンス都市の星形形状の影響も一部にはあったが、ほぼ完全な方格プランとしては、一八世紀前半のジョージア植民地におけるオグリソープの構想やサヴァンナ、およびサウス・カロライナのチャールストンなどが知られている。しかしこれらに先行した、ウイリアム・ペンの構想によるペンシルバニアのフィラデルフィア（図4－5、一六八二年）が方格プランの嚆矢(こうし)であった。

フィラデルフィアは、東西をデラウエア川とスクールキル川に挟まれた東西に長い方格プランの都市計画であり、中央北寄りにほぼ正方形の広場があり、そこで直交する街路によって四象限に区分され、各象限の中央付近に公園が予定された。東西街路は計八本、南北街路は計二一本で、街区はほとんどが南北に長い長方形であった。

すでに述べたように大陸会議が連邦政府となり、ワシントンが初代大統領となったのは一七八九年であった。この四年前、タウンシップ制の直接の原形となったセブンレンジズの設定が始まった年であったことはすでに述べた。暫定的な連邦首都は右のようなフィラデルフィアに置かれていた。

一七九一年一月には、ヴァージニアとメリーランドを分ける川沿いに新しい連邦首都を建

図4-5　フィラデルフィアの方格プラン（1682年）

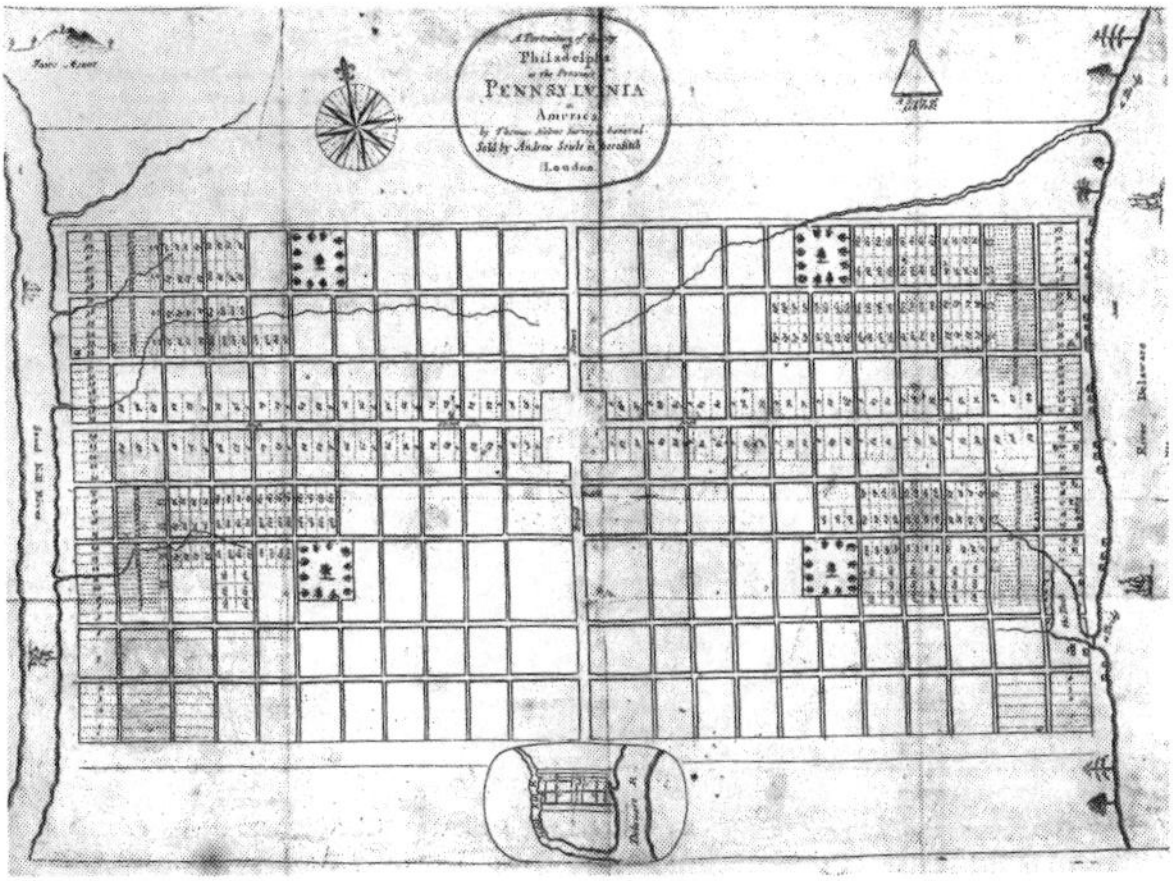

Figure 97. William Penn's Plan for Philadelphia, Pennsylvania: 1682

（出所）レップスによる

設することとなった。ワシントン大統領は著名な測量家エリコットを招請し、ピエール・ランファン大佐とともに調査と測量実施を任じた。

このとき国務大臣であったジェファソンは、すでに述べたように大陸会議の委員として、一七八四年には新設州の領域案とハンドレッドとロットからなる土地区画案を構想していた。ジェファソンは新首都についてもまた、フィラデルフィアよりやや大きい規模の都市で、方形街区を連ねた市街の構想を有していた。

ランファン大佐は一七九一年八月、ポトマック川と東側支流の合流点北岸

図4-6　ランファン—エリコットによるワシントンの都市プラン（1792年）

Figure 149. The Ellicott Plan for Washington, D.C.: 1792

（出所）レップスによる

における、方格状街路と斜交街路を組み合わせた新首都のデザイン案を大統領に提示した。図4－6は、それを基本としつつも、エリコットによって修正が加えられた都市計画で、翌年に刊行されたものである。

ジェファソンの構想とは異なって方格と斜交する街路を組み合わせた斬新なデザインであり、ランファン大佐のデザイン案と基本的に同様であるが、やや曲がっていた中央部北寄りの西北―東南斜交街路（マサチューセッツ・アヴェニュー）を直線化するなどの若干の修正が加えられている。なお、「はじめに」で述べたオースマンによるパリの斜交道路建設は一九世紀中ごろであった。ランファン—エリコットの都市計画は、これに半世紀ほど先行していた。

一七九六年から翌年にかけて北米東海岸を旅したフランシス・ベイリーはフィラデルフィアについて「完全な規則正しさ」だと述べ、ボルチモアやシンシナチの方格街路とともに、アメリカ人が最も好む街路パターンだと記した。ただし方格街路では、中央に岡があったり、同じ小川を三・四回も渡らねばならないことがあったりするので、ワシントンの計画のような斜交街路を取り入れるのが解決法だと述べている。

同じころ、一六六四年にオランダ支配が終わったマンハッタン島南部には、変則的星形の要塞と不規則な街区があった。英領ニューヨーク植民地となってからは、その北側にもいくつかの単位で方格状の土地区画が形成され、一七九七年の地図ではそこへ市街が拡大し始めていた。一八〇六年までには新街路の建設委員会が設立され、一八一一年には最終報告が出された。東南—西北方向の平行な街路が、南から北へ一五五丁目（ストリート）にまで達した。これと直行する南北の直線は東から西へ一一番街（アヴェニュー）まであった（ほかにハドソン川河畔の緩やかに湾曲した一二番街）。

図4-7　シカゴの方格プラン（1834年）

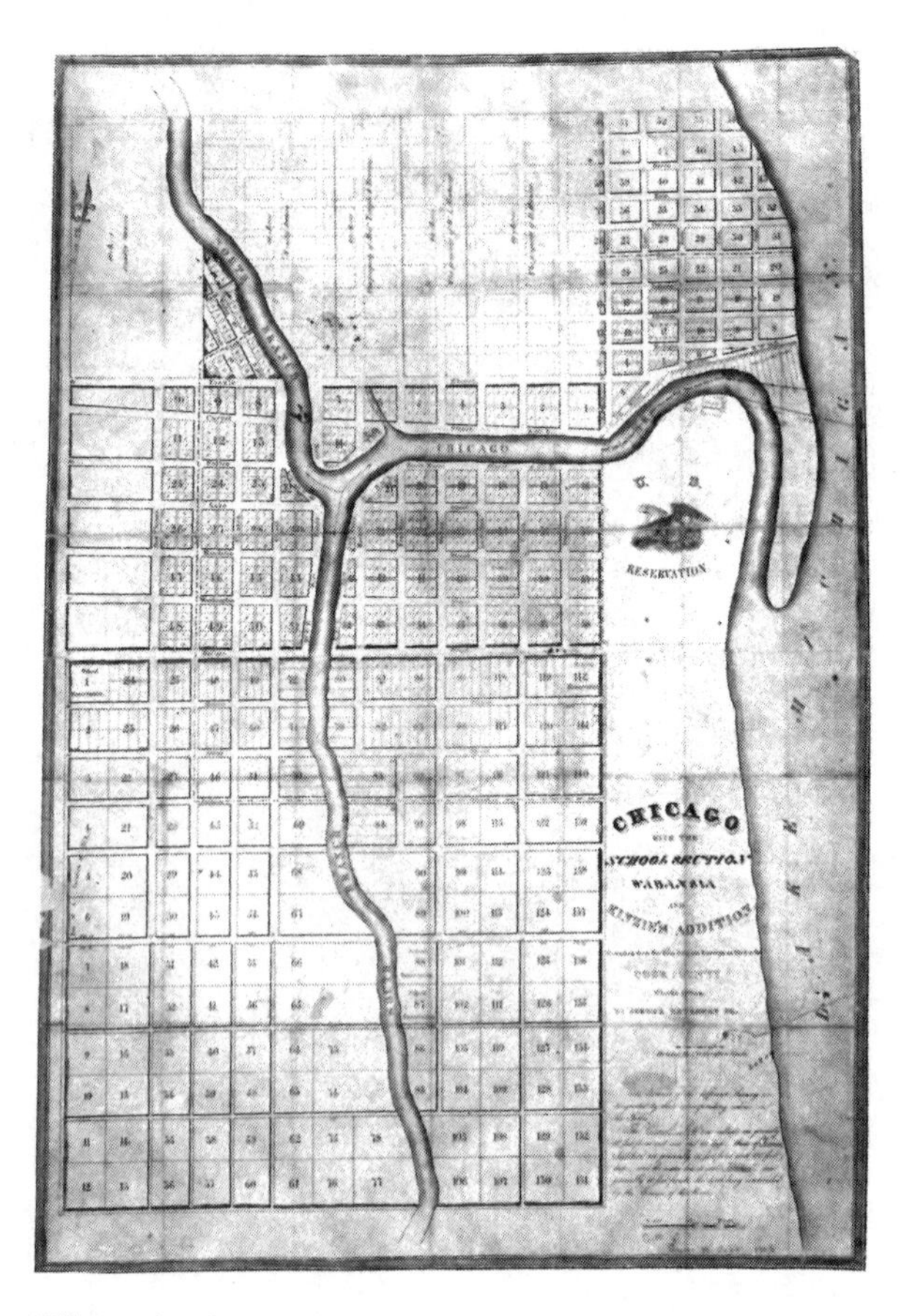

（出所）レップスによる

ワシントンとニューヨークの方格プランは、このようにそれぞれ個性的であったが、中西部以西で広範に施行されたタウンシップ制の区画に対応した市街の方格プランも多かった。例えばシカゴは一八三二年まで、イリノイ州「セクション九、タウンシップ三九、レンジ一四」にできた小さな町であり、砦と一〇軒余の丸太小屋、二軒の居酒屋があっただけであった。一八三三年にブームが到来し、一八三四年には図4－7のように、シカゴ川の河口付近北側の区画群と、同川の南北分流沿いにおける方格プランが設定された。タウンシップ制セクションの計六七区画分に相当する街区からなる市街地計画であった。タウンシップ制のセクション区画に対応した、典型的な方格プランの街区であった。

セントローレンス川沿いの長大な土地区画

新フランスが、ニューイングランドの北方、セントローレンス川の流域に存在していたことはすでに述べた。新フランスへの入植はニューイングランドより早く、すでに一六〇三年から本格的に始まっていた。ほどなく、アカディア（現カナダ・ノバスコシア州）の首都ポートロワイヤルや、新フランスの首都ケベック（現カナダのケベック州）の基礎もできたという。新フランスの領域はセントローレンス川流域が中心であったが、一時的にはミシシッピ川上流域に及ぶほど拡大した。

新フランスでは、フランスの領主制に倣ったセイニャリー（領有地）と呼ばれた制度が採用された。フランス国王の下で、領有権の分与事業は新フランス会社（一六二三年設立）が担ったが、当初同社には、統一的な土地計画がなかった。しかしセントローレンス川流域の場合、西北岸がローレンシア楯状地、東南岸がアパラチア高地であり、開拓適地はほぼ河岸付近に限られていた。また、河岸は水上交通にも恵まれていたので、同社はやがて川岸（ウォーター・フロント）を重要視するようになった。

一六六三年には、セントローレンス川流域の開拓の促進をもくろんだフランス国王ルイ一四世が、未開拓の土地があれば王領に戻すことや、開拓を進めるためのセイニャリーの上限面積の縮小を図った。国王が派遣した監督官が認可を担当し、一七六〇年までに、川沿いに二五〇ほどのセイニャリーが設けられた。多くは幅一〜二リーグ（三〜六マイル）、奥行き二〜三リーグのものが多かった。

これらの領主にはもともとカトリック信者が多く、フランス自体がカトリック社会の形成を企図していた。新フランス会社がカトリック教会に対して、約二〇カ所の領地を寄進したこともあって、領主には多くの教会も含まれていた。ただし、経営の行き詰まった教会領は

図4-8　セントローレンス川沿いの長大な土地区画

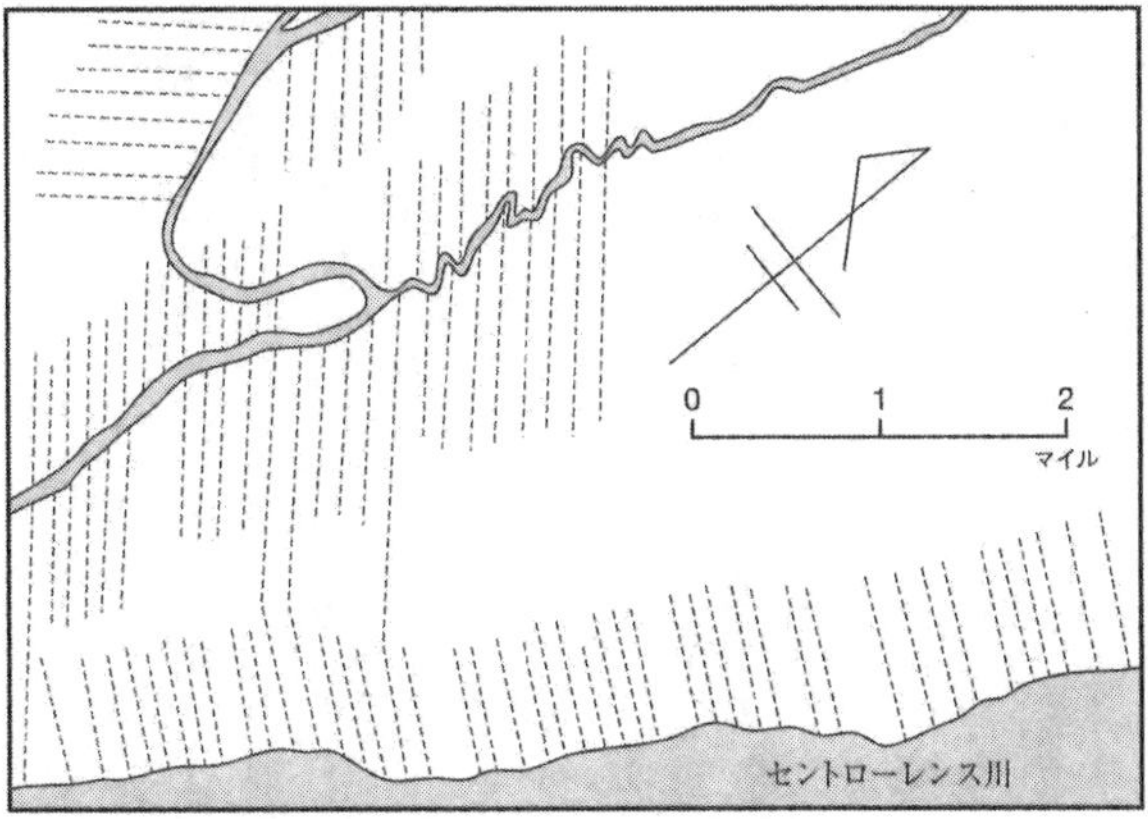

（出所）ハリスによる

元に戻され、新たなセイニャリーとなった場合もあった。

　これらの領主はほとんどの場合、セイニャリーに入植者を導入し、彼らを統括して年貢を徴収した。それぞれのセイニャリーには、小さな集落や、川沿いの列状集落に一五〇〜三〇〇人が居住し、それぞれの背後に開拓を進め、農地を経営した。

　これらのセイニャリー入植者の経営地は、重要視された川沿いに短辺を向け、奥行きの長大な土地区画となったが、入植後の分割譲渡や分割相続の結果、所有・経営単位の細分が続いた。その結果、川沿いの短辺がさらに狭くなって、奥行きが長大なままの土地区画が成立することとなった。ニューイングランドに先行した新フランスにおいても、ヨーロッパの伝統的農村の様相が維持されたことになろう。

その結果、セントローレンス川やその支流に短編を接して、奥に長く延びた土地区画群がそれぞれの川岸に並び（図4－8参照）、フランス式と呼ばれることもある。このような川岸に展開する長大な土地区画は、例えば後に述べる西オーストラリアの一部にも、一八二九年の入植からしばらくの間、スワン川とその支流沿いに成立したが、設定理由は全く別であったことは後に述べたい。

カナダのタウンシップ

ヨーロッパの七年戦争を終結させた一七六三年のパリ条約によって、この新フランスの中核部分が、国力を増大した英国のケベック植民地（現カナダのケベック州・オンタリオ州付近）となった。すでに述べたようにニューイングランド西部では、方形のタウンシップが設定され始めた頃でもあった。

英領となった植民地では、タウンシップの設定が進められた。例えば、比較的大きなプリンス・エドワード島では、翌年に早くも六七のタウンシップが設定されていた。しかし、その平均面積はニューイングランドの六マイル四方に近かったものの、形状は方形ではなく多様であった。

やはり英国ケベック植民地となった東部の島嶼（とうしょ）の場合は、島々を三郡に分け、各郡に三〜五のパリッシュを設定し、さらに各パリッシュに四〜五のタウンシップが設定された。しかしタウンシップだけでなく、内部のロットと呼ばれた土地区画もまた、島を横断するような長大なものなど、多様な形状であった。

これらはイースターン・タウンシップと呼ばれることとなり、新フランス時代の土地区画を基礎としたものであった。今日、フランス語を公用語とするケベック州一帯では、これらのタウンシップがカントンと呼ばれている。

一方、一七七六年に独立を宣言し、英国と戦争を続けたアメリカ合衆国から、多くの英国王党派の人々がケベック植民地へと入植地を求めてやってきた。戦争が終結した一七八三年頃までに、その入植者たちのためにロイヤル・タウンシップと呼ばれる土地区画が準備された。

ロイヤル・タウンシップはニューイングランド風のほぼ方形の領域であったが、川や湖に接して並んでいる点では、イースターン・タウンシップとも類似していた。セントローレン

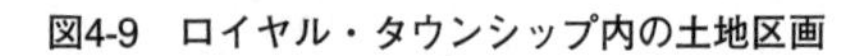

図4-9　ロイヤル・タウンシップ内の土地区画

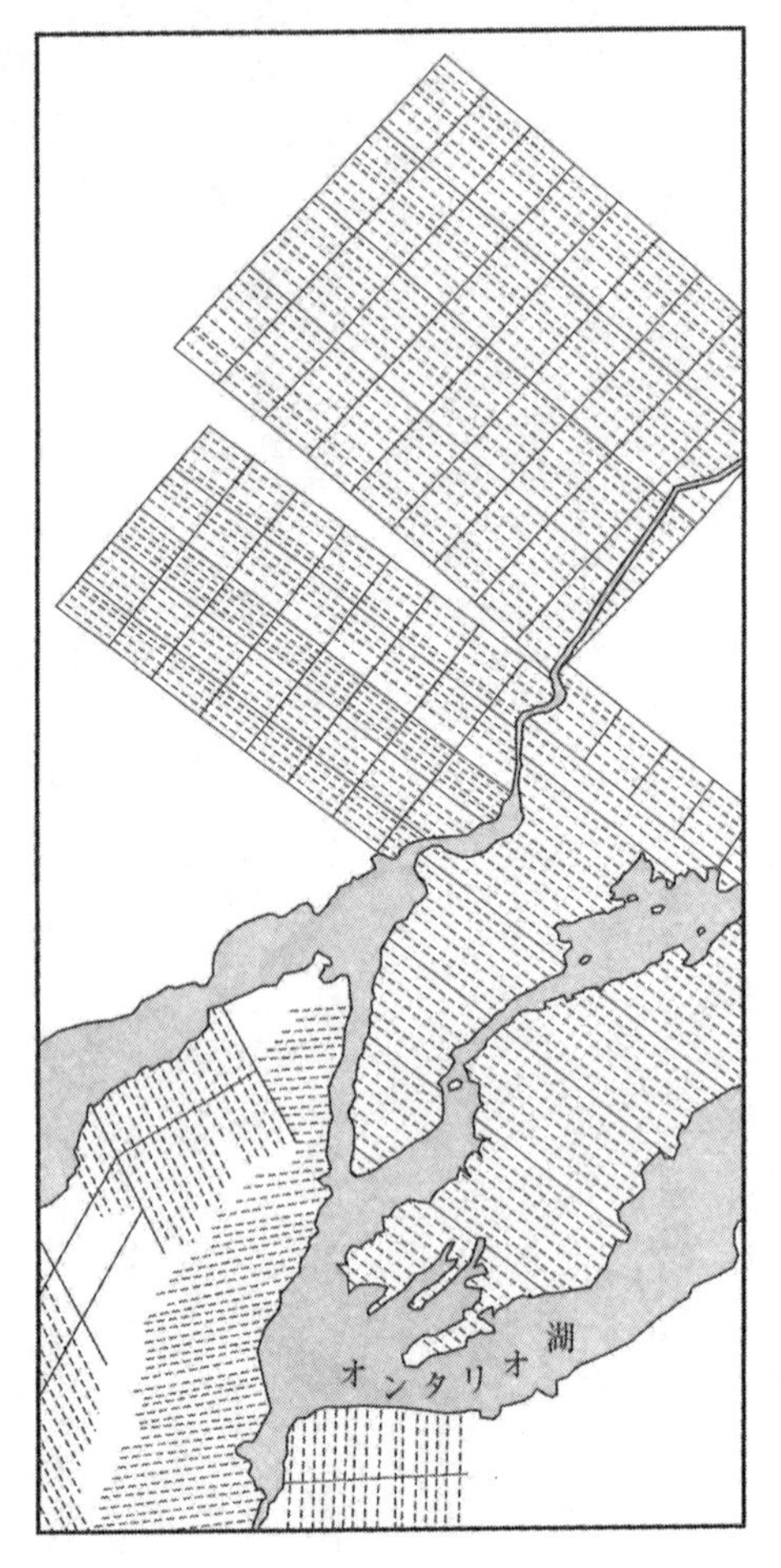

（出所）金田、2015年（メクレンブルク地区計画図による）

ス川北岸の川沿いに並ぶ九区画と、オンタリオ湖北東隅沿岸のカタラキ・タウンシップと呼ばれた五区画（ほどなく八区画に増加）であった。

図４－９はカタラキ・タウンシップの西部付近（一七九〇年）であるが、半島部はイースターン・タウンシップと同様に、半島を横断する長大な土地区画からなる。内陸部へは方形の形状でタウンシップが設定されていたが、川沿いにその方位や境界線を合わせるなど、土地区画の形状はイースターン・タウンシップとも類似した中間的な形状であった。

このようなロイヤル・タウンシップの設定にあたって、ケベック総督による測量官への訓令には、「六マイル四方のタウンシップを設定し、一家族当たり一二〇エーカーを付与するのが良いと思う」としていた。この一二〇エーカーについては、六エーカー分がウォーター・フロントに接している形を説明しているので、短辺六に対し長辺二〇の比率となる長方形の土地区画を想定していたことになる。ただし、図４－９のロイヤル・タウンシップおよび内部の土地区画の形状は、このモデルに合致していない。

ケベック植民地はさらに、一七九一年の英国の植民地統治法によって、セントローレンス川の下流域がロウワーカナダ属州（現ケベック州）となり、上流域はアッパーカナダ属州（現オンタリオ州）となった。

図4-10　オンタリオ州南部のタウンシップ（センサス単位）

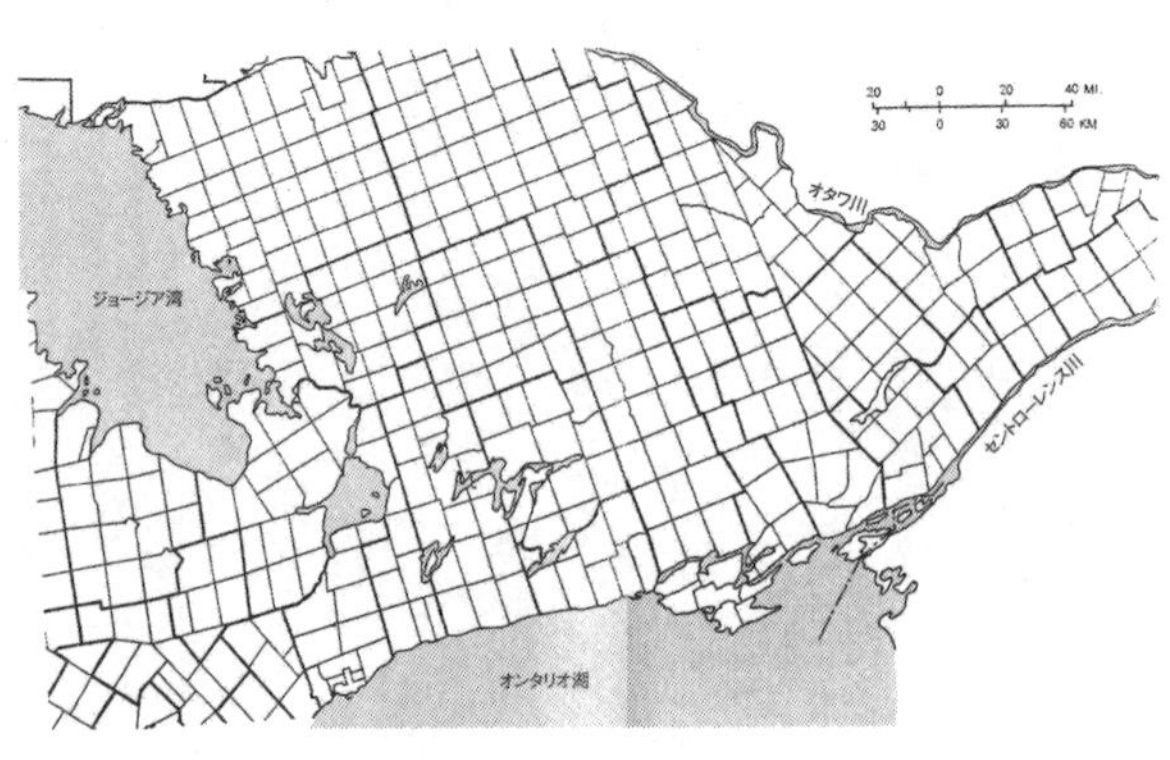

（出所）金田、2015年

タウンシップの設定は次第に内陸部へと及び、開拓も進んだが、タウンシップはアメリカ合衆国のような経緯線の交点を基準とした測量単位とはならならなかった。

またタウンシップ毎に公共墓地用の土地が確保されたが、タウンシップが村落領域に踏襲された場合は少なかった。ただし今日でも、タウンシップの範囲がセンサスの統計単位として使用されている場合が多く、オンタリオ南部では図4－10のようである。タウンシップの方位は、河岸・湖岸に設定されたロイヤル・タウンシップなどの内陸への延長方向に設定されており、さまざまな方位となっている。また面積も正確に六マイル四方ではなかった。

タウンシップ自体が不均一な形状と面積で

あったのに加え、道路面積などが省かれたために、タウンシップ内部の面積に広狭があった。細分されたタウンシップ内部の土地区画の面積と形状も一定ではなかった。

代表的な土地区画は、幅約一九チェーン（約二八二メートル）、長さ六三チェーン（約一二六七メートル）、面積約一二〇エーカーの内部区画を伴ったタウンシップである。これは「シングルフロント型」と呼ばれ、初期タウンシップの基本形となった。やがて幅三〇チェーン、長さ六六・七チェーン、面積二〇〇エーカーの区画が基本形となり、「ダブルフロント型」と呼ばれた。いずれの内部区画も長大であり、全体として方格には違いないが、セイニャリーに発生した長大な土地区画の形状と、ニューイングランド型タウンシップの中間型とも見られる。

カナダのタウンシップは、アメリカ合衆国の場合と同様に、まずは土地配分ないし販売の基準であった。しかし広く展開した段階においても、それぞれの初期の設定過程を反映して、両者の基準や規格にはかなりの相違があった。このような過程を反映した相違は、さらに遅れて設置されたオーストラリアの諸植民地においても、次のように多様であった。

オーストラリア東部の方格プラン

カナダでロイヤル・タウンシップが設定されたのは一七八三年頃、アメリカ合衆国でセブンレンジズが設定されたのは一七八五年であった。それらの数年後にあたる一七八八年一月、英国から軍人と流刑囚等を引き連れたフィリップ一行が、二万五〇〇〇キロメートル以上の航海を経て、現オーストラリアのシドニー・コーブへと入植した。フィリップ総督は、シドニー湾周辺を新設ニューサウスウェルズ植民地のカンバーランド郡と命名し、内部に「ディストリクト（地区）」を設定した。

ニューサウスウェルズの首都シドニーは、英本国から最も遠い陸地であった。上陸の翌年にあたる一七八九年六月、総督は本国から追加の訓令（前年一〇月付）を受け取った。

それは、「便利なる規模と広がりのタウンシップを設定されたい」と、タウンシップの設定を指示するものであった。しかし、すでに独立したアメリカ合衆国のタウンシップに言及しないのは理解できるとしても、カナダのロイヤル・タウンシップの状況にも全く触れておらず、タウンシップの形状への指示は含まれていなかった。

フィリップ総督は一方で、下士官一人当たり一〇〇エーカー（四〇ヘクタール）、自由移

図4-11　カンバーランド郡の不規則な土地区画

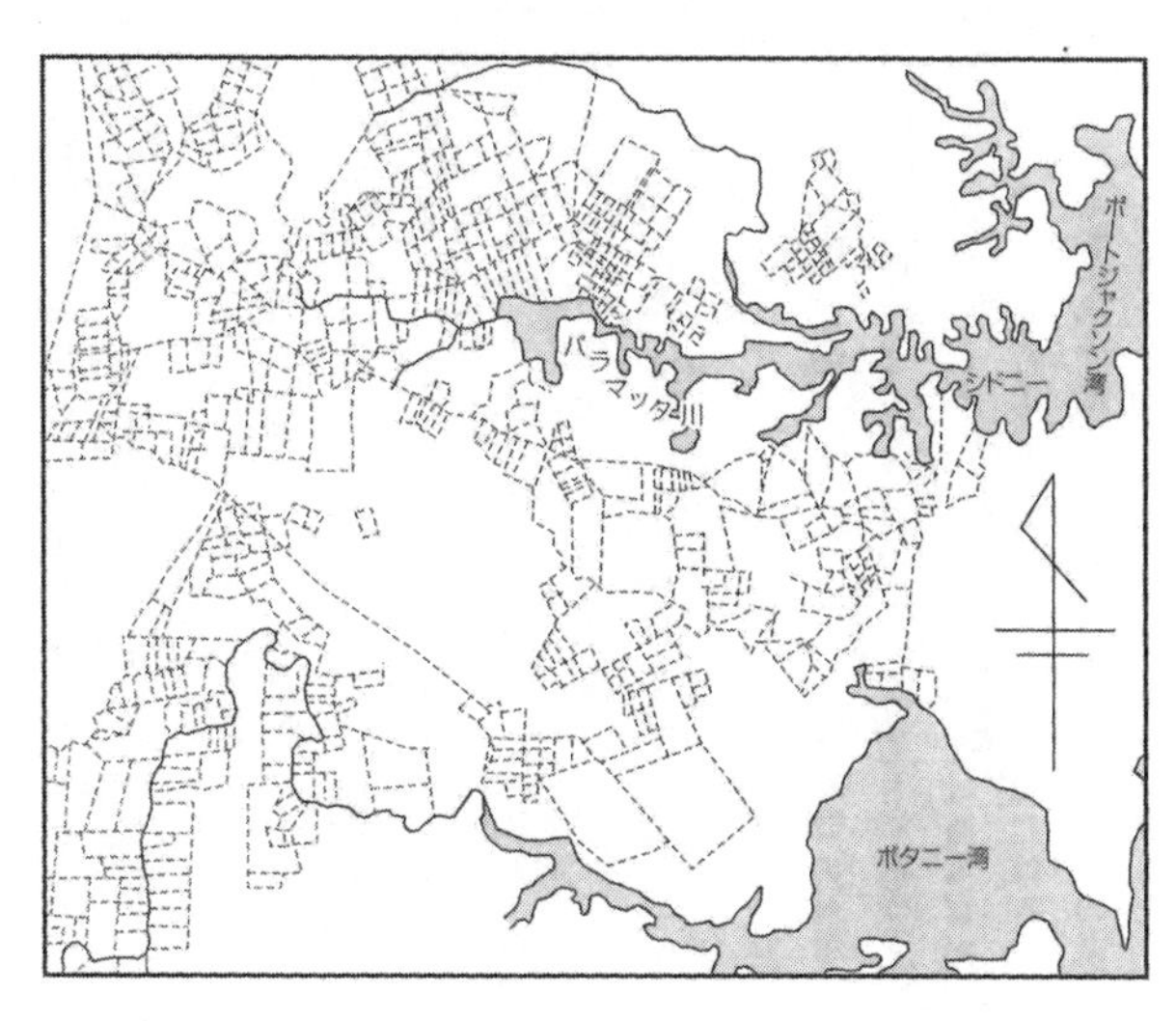

（出所）金田、2015年（ブル、バリサード図〈1840年〉を簡略化）

民五〇エーカー、解放流刑囚三〇エーカー等の下付地を付与することを指示されており、下付地の設定はカンバーランド郡で開始された。総督から下付地の権利証を得た者は、自分自身で入植希望地を探した上で、測量長官事務所に権利面積の区画設定を依頼した。これを受けて、測量官による区画の測量・登録が行われた。

このような土地区画設定の過程は、まさしく先に述べたミーツ・アンド・バウンズの方式であった。その結果、一八一四年頃には土地区画は図４－11（ブル、バリサート刊行図を簡略化）のような複雑な状況となった。カンバーランド郡内には「ディストリクト」が設定されていたが、その数も一七九九年に一五となり、同図の頃には二九にまで増加していた。

入植人口の増加とともに、開拓適地は不規則な土地区画で埋められた。また、依頼があるたびに現地に向かう測量長官事務所の仕事量も著しく増大し、測量の実施も遅滞した。シドニーの市街地もまた、フィリップの構想を実現する余裕もないまま、不規則に拡大した。

総督は一八〇九年に五代目のマックォリーに代わっていたが、右のような人口増加と土地行政の遅滞、さらに先住民との関係など、植民地行政全般にわたって問題や混乱が顕在化していた。その実態調査のために英本国から弁務官としてビッグが派遣され、一八二一年にはシドニーに到着した。

当時、英本国・ニューサウスウェルズ間の連絡には、早くて片道半年程度を必要とした。この時間差が植民地行政にも大きな影響を及ぼし、経過を煩雑にした。年月を追って、ビッグ着任以後の土地計画の経過の概要をたどってみたい（詳細は金田『オーストラリア歴史地理』）。

一八二一年一月、測量長官オクスレイは、着任したビッグに書簡を送り、現実の問題と解決案を伝えた。就任以来、下付地の設定に携わってきたオクスレイは、従来の土地下付・配分の方法では測量長官事務所が機能を維持できないこと、事前に土地計画を設定しておくべきことを提案したのである。ビッグはこの提案を、ビッグ自身の案とともに本国に伝達した。

一方オクスレイは、翌年二月に着任したブリスベーン新総督から、新たな方針の指示を得た。

それは、「将来のために測量・区画されるすべての土地は、正南北・東西方向の長い平行線によって六マイル四方のタウンシップに区画され、それぞれを一マイル四方のセクションに細分して、基本的に北西隅より始まる一～三六の番号を付す」とするものであった。区画の規模や形状は、アメリカ合衆国におけるセブンレンジズなどの方式に他ならない。これは、主経線や東西基線を設定する以前の状況である。軍人として、北米での勤務経験もあったブリスベーン自身の知識によるものであろうか。

この指示を受けたオクスレイは、シドニー北方のハンター川流域に測量官を派遣し、一八二三年までに計二三のタウンシップと内部のセクションを設定した。ただし、これらのタウンシップの一部は六マイル四方であったが、一辺が五～七マイルの長方形の場合も多かった。

ところが一八二五年六月、植民地担当大臣バサースト卿の訓令書（同年一月付）が届いた。英本国において、ビッグの報告書や、ビッグが伝達したオクスレイの書簡（一八二一年付）等をめぐって検討した結果であったと思われる。

その新指令は、「四〇マイル四方の郡、一〇〇平方マイルのハンドレッド、二五平方マイルのパリッシュ」の設定を指示していた。オクスレイはこれに従って、図4－12のように、いったん設定したタウンシップを、やや狭い面積のパリッシュへと再編した。

この過程からまず知られるのは、植民地側の総督・測量長官と、英本国側の弁務官・担当大臣の間における、相互の伝達に要する往復一年以上もの時間差である。それが、すでに実施を始めた土地計画であっても、その変更を余儀なくさせることに結びついた。これ以後ニューサウスウェルズでは、このバサーストの指令に基づいた区画設定が行われた。

この変更からさらに一〇年余を経た一八三七年、ニューサウスウェルズのバーク総督は、ポートフィリップ湾岸にメルボルンの街路と街区の計画を定めた。ヤラ川北岸に沿って、少し傾いた東西八区画、南北三区画の正方形からなる街区であった（後に北へ一列分追加）。周辺のバーク郡でも、翌年には農地の区画・販売が始まっていた。一八四〇年には図4－13（アロースミス刊行図の概要）のように、一マイル方格のセクションと一九のパリッシュ

図4-12 ハンター川流域におけるタウンシップ（1823年）からパリッシュ（1825年）への変更

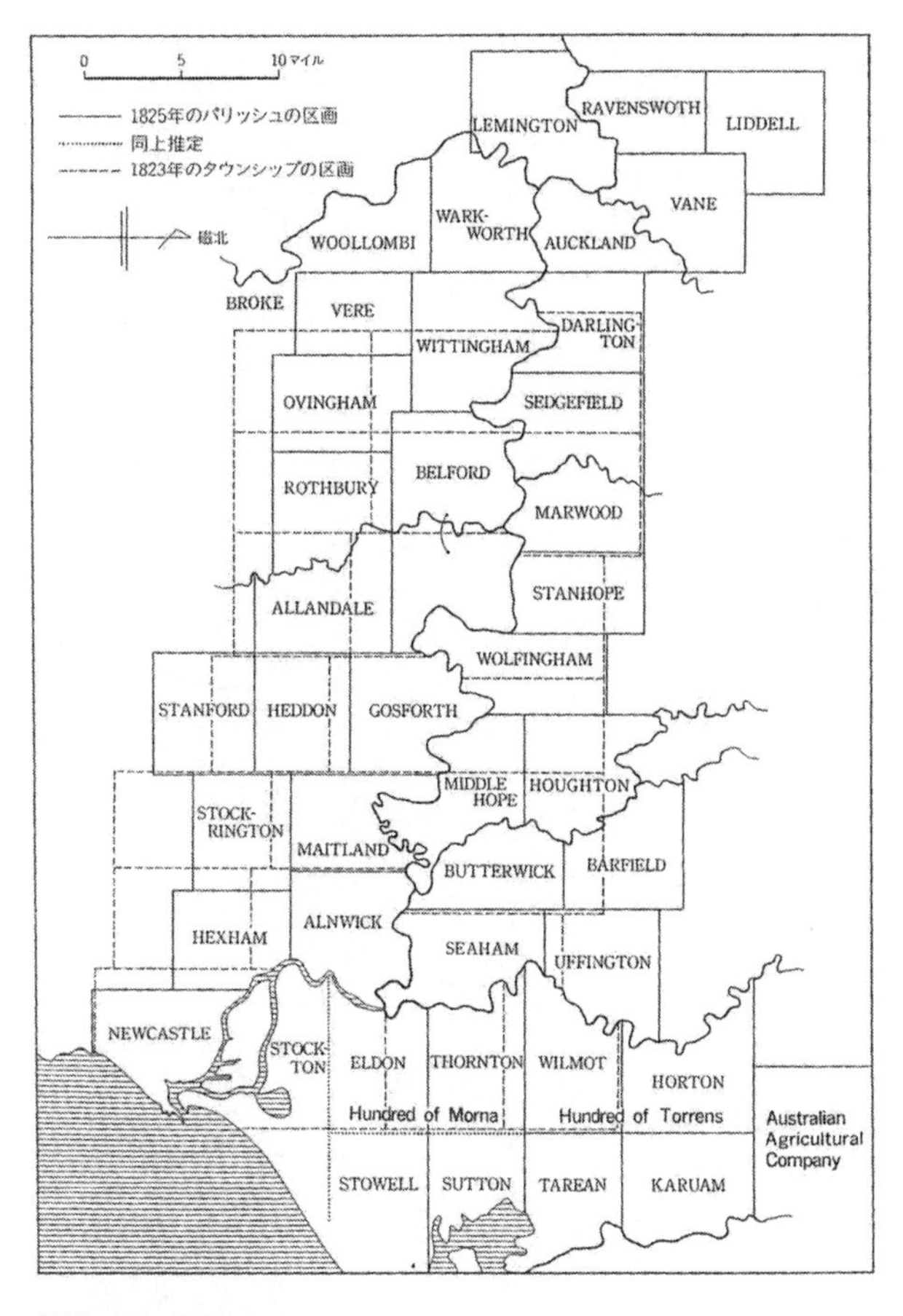

（出所）金田、1985年

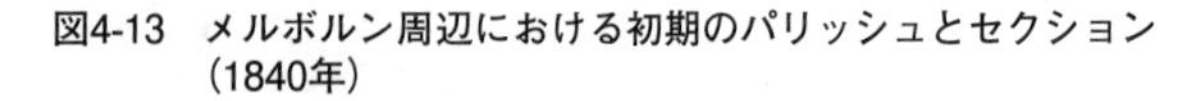

図4-13　メルボルン周辺における初期のパリッシュとセクション（1840年）

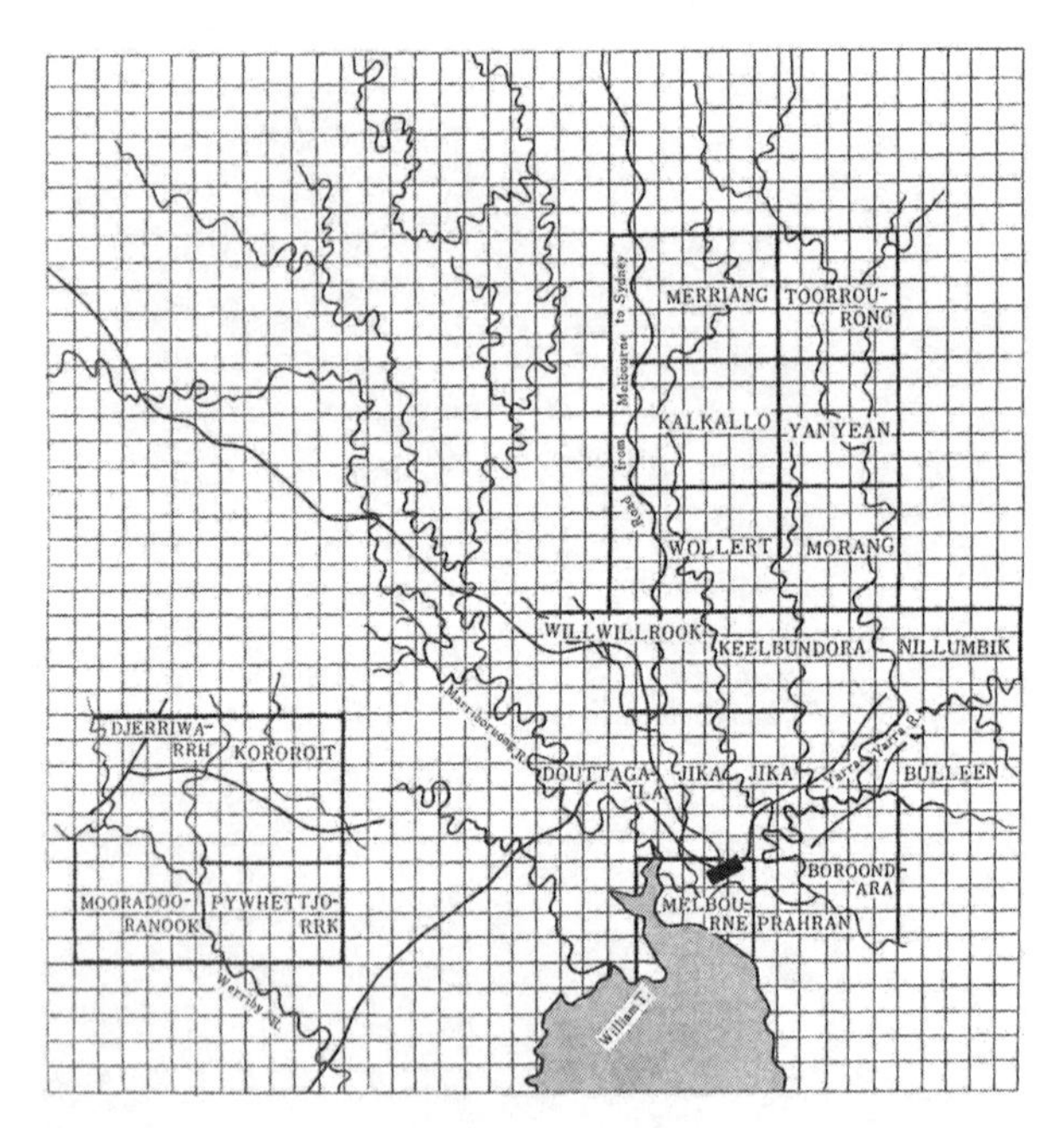

（出所）金田、1985年（アロースミス刊行図の概要）

の設置が予定されていた。北部には五マイル四方、五×七マイルなどの方形のパリッシュもあったが、屈曲した河川を境界としている場合が多かった。

ビクトリア植民地としてニューサウスウェルズから分離した後も、この方式が続いた。その結果、このような一マイル方格のセクション

図4-14　バーク郡のパリッシュとセクション

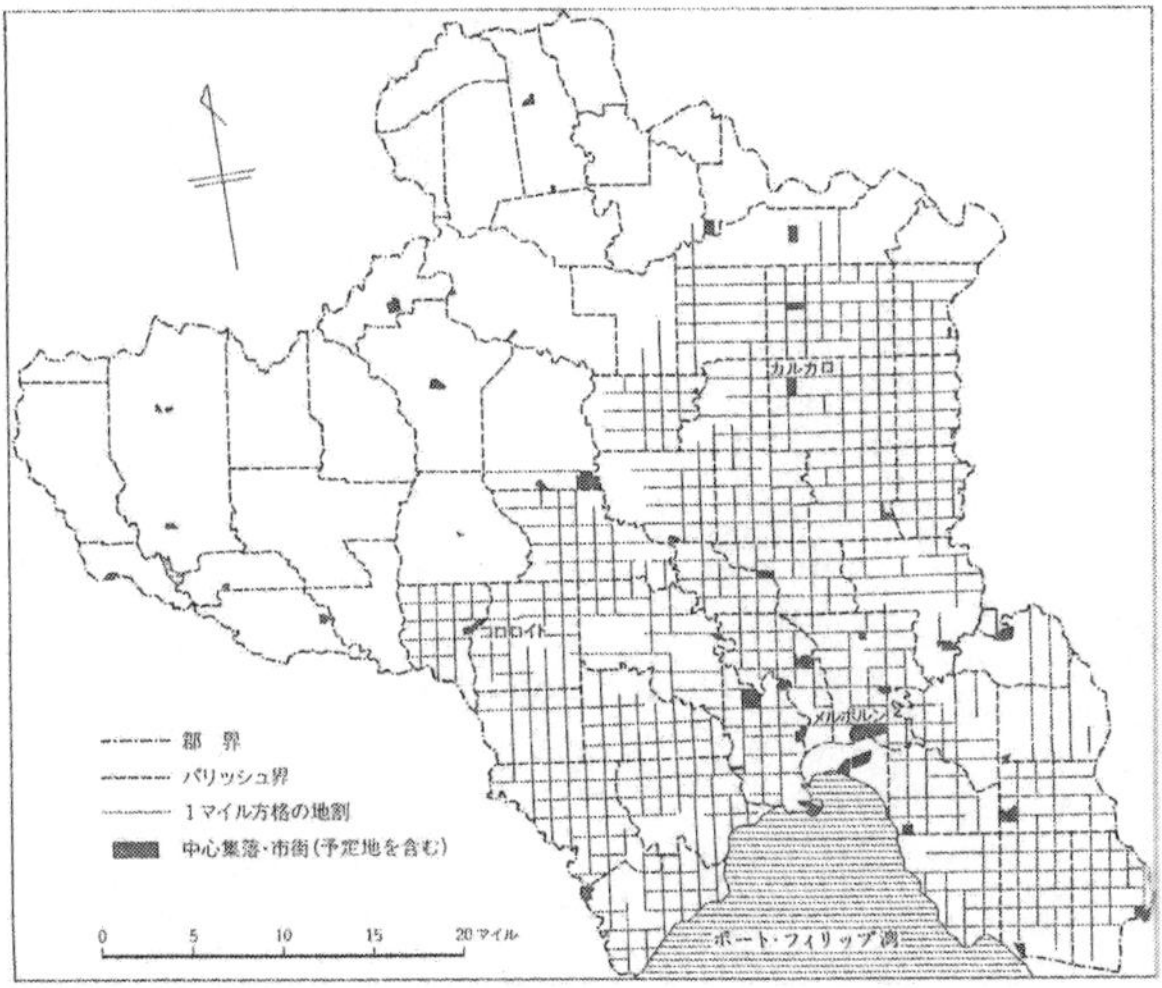

（出所）金田、1985年

と、セクションの境界および自然境界の併用によるパリッシュは、例えばバーク郡でも、山地部を除く平地部全体に及んだ（図４－14参照）。

一八五八年からは、経度・緯度各六分を基準としたパリッシュの設定をもくろんだ測量長官（リーガー）も出現したが、この方式はアメリカ合衆国における主経線と東西基線の交点を基準として六マイルの方格を設定する方式とも異なっていった。

確かにこの経度六分相当の距離は、ビクトリア付近で約六マイルではあった。しかし相互の対応は正確ではなく、個々の経線に合わせようとすると、内部の一マイル方格とはズレが生じた。その結果、例えば北部のロドニー郡では各パリッシュに、東西幅が狭くなったセクションの南北列も出現した。

オーストラリア東部の方格プランは、このように基準線と方格との不整合もあったが、全体として土地販売のためのセクションの区画の方に重点が置かれ、パリッシュはもともと不定形な方形や自然境界による場合が多かった。ニューサウスウェルズやビクトリアでは、この形が広く設定された。

ただしオーストラリア東部ではあっても、バン・ディーメンズ・ランド植民地（現タスマニア）の場合は、これとは異なった状況であった。一八二九年までに、バサースト指令のように郡（計一一）、ハンドレッド（計三二）、パリッシュ（計一二四）が設定された（一八三六年公示）が、同植民地の測量長官の方針によって、いずれも不規則な自然境界によっており、方格プランではなかった。

さらに、一八二九年に発足した大陸西端の西オーストラリア植民地や、一八三四年の新しい法律による南オーストラリア植民地でも、東部の諸植民地とは全く異なっていた。両植民地では、土地計画は次のような過程をたどった。

西・南オーストラリアの方格プラン

西オーストラリア植民地の初代準総督（実質的に総督）スターリングは、出発前の一八二八年末、担当大臣からニューサウスウェルズ総督宛ての訓令の写しを与えられていた。つまり、「四〇マイル四方の郡、一〇〇平方マイルのハンドレッド、二五平方マイルのパリッシュ」の設定を指示されていた。

翌年西オーストラリアに到着したスターリング一行は、まずスワン川流域に入植地を配分した。しかし現地では、正確な地図もないままに入植地の配分を実施せざるを得なかった。測量長官と部下の二人が、川沿いに入植者の土地幅を割り当て、認可面積に達するまで背後に土地区画を延ばすこととした。先に紹介した、セントローレンス川流域のフランス式の土地区画のような割り当て方であった。その結果、図4−15のような区画となり、方位の異なった長い紐状の区画が、内陸側で交差したり、海岸に届いたりして問題を引き起こした。この問題発生以後、長さが幅の三倍を超えない長方形の区画とすることとなった。

郡、ハンドレッド、パリッシュについては、植民地設立後二〇年以上を経た一八五〇年に至っても、二八郡の名称と予定区画（ほぼ四〇マイル四方）が地図上にあるだけで、ハンド

図4-15　スワン川・カニング川沿いの長大な土地区画（1839年）

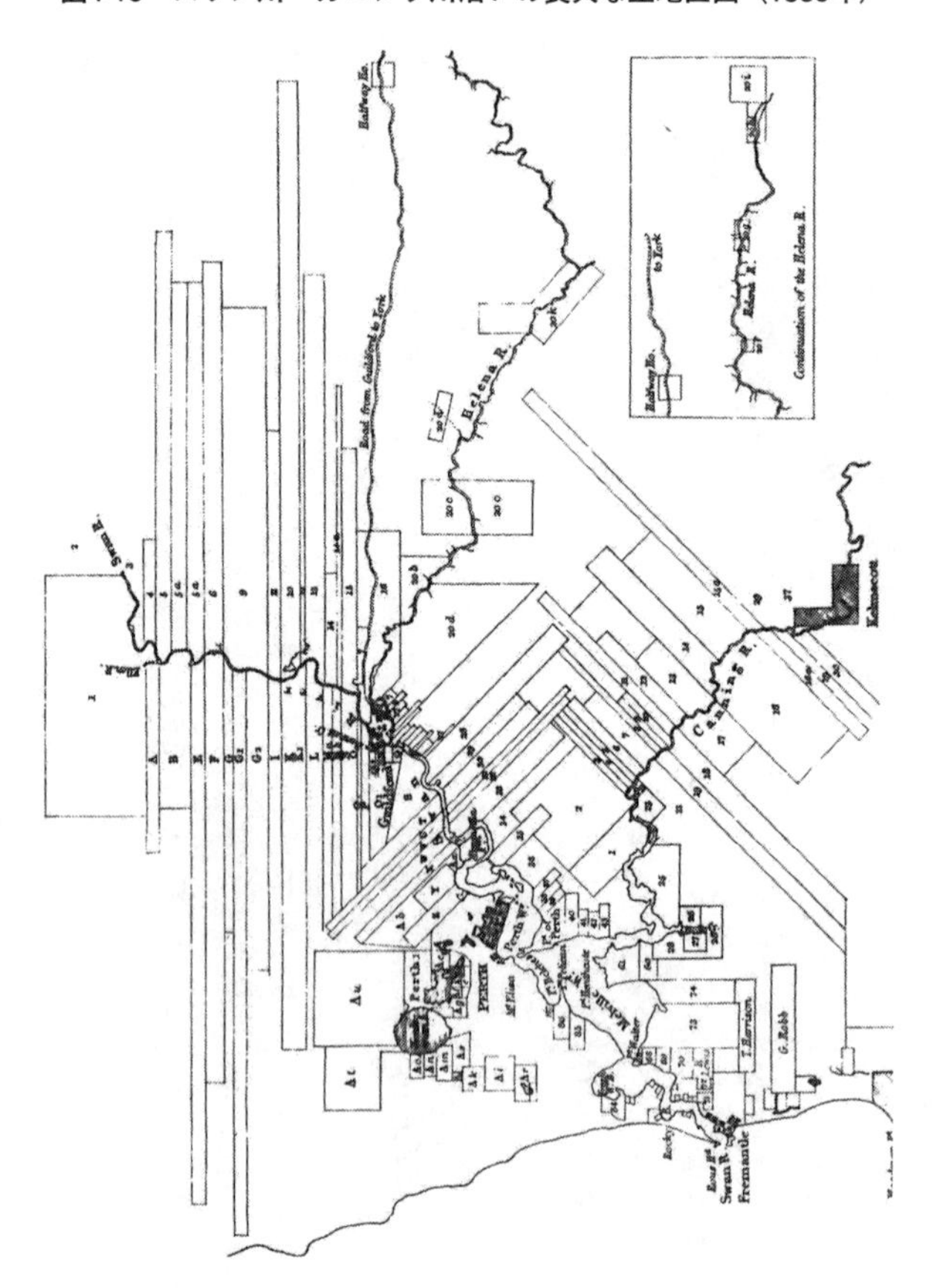

（出所）アロースミス刊行図

レッド・パリッシュについては全く設定の予定もなかった。西オーストラリアでは予定されたこれらの郡もまた、ついに正式な行政領域とはならなかった。

これに対して南オーストラリアでは、全く別の発想と規模の方格プランが展開した。背景にはまたしても、先に触れたビッグ弁務官による調査報告があった。

ロンドンでは、一八二一年からニューサウスウェルズ植民地の問題を調査したビッグ報告書（三部、一八二二〜二三年刊）が読まれ、オーストラリアの流刑植民地への関心が高まった。経緯は省略する（詳細は金田『オーストラリア歴史地理』）が、ウェイクフィールドによる「組織的植民」の提案がなされ、その報告による南オーストラリア植民地設立法が一八三四年に成立した。

同法の骨子は、探検調査が進んだマレー川下流域に、流刑植民地ではなく自由移民による植民地を建設することにあった。そのために資力のある人々に、前もってロンドンで予定地を売却して「移民基金」つくり、ブリテン島とアイルランド島の貧しい人々（三〇歳以上）の渡航費用に充てるとするものであった。

一八三五年五月には、五〇ポンドを支払った予約購入者に、最初に建設した町に一エーカーの宅地と、周辺に八〇エーカーの農牧用地の選定権を与え、七〇〇人の申し込みと総額三万五〇〇〇ポンドの歳入を予定した。

ただし翌月には、申し込み人数が予定に達しないことを予測し、予約価格を八一ポンドに引き上げて歳入予定を確保しようとした。さらに八月、予定の歳入総額を維持した上で、土地の実質的な値下げをした。実際の購入者四三七人に予定販売する農牧地の面積を、八〇エーカーから一三四エーカーに増やしたのである。

初代の南オーストラリア測量長官ライトは、これに対応して最初の購入者四三七人用に一三四エーカーの区画を設定し、残りを当初の予定面積八〇エーカーに区画することを命じられた。

このかなり無理な要請に対し、ライトは東西幅〇・五マイルの南北の平行線を何本も設定し、まずその二本の間を一三四エーカーの長方形に区分した。さらに、残りを八〇エーカーの長方形とすることによって、この要請に対応した。ただしこの方法では、場所によって五四ないし二六エーカーの端数となる区画が生じた。

このような区画の測量と、最初の町アデレードの設定に労力を割かれたこともあり、植民地初期の入植は遅滞と混乱に直面した。一八四〇年からは測量長官がフロームに代わり、八〇エーカーの正方形四区画からなる正方形の区画を基本とする方格プランを実施した（図4

図4-16　アデレード南方の80エーカー区画

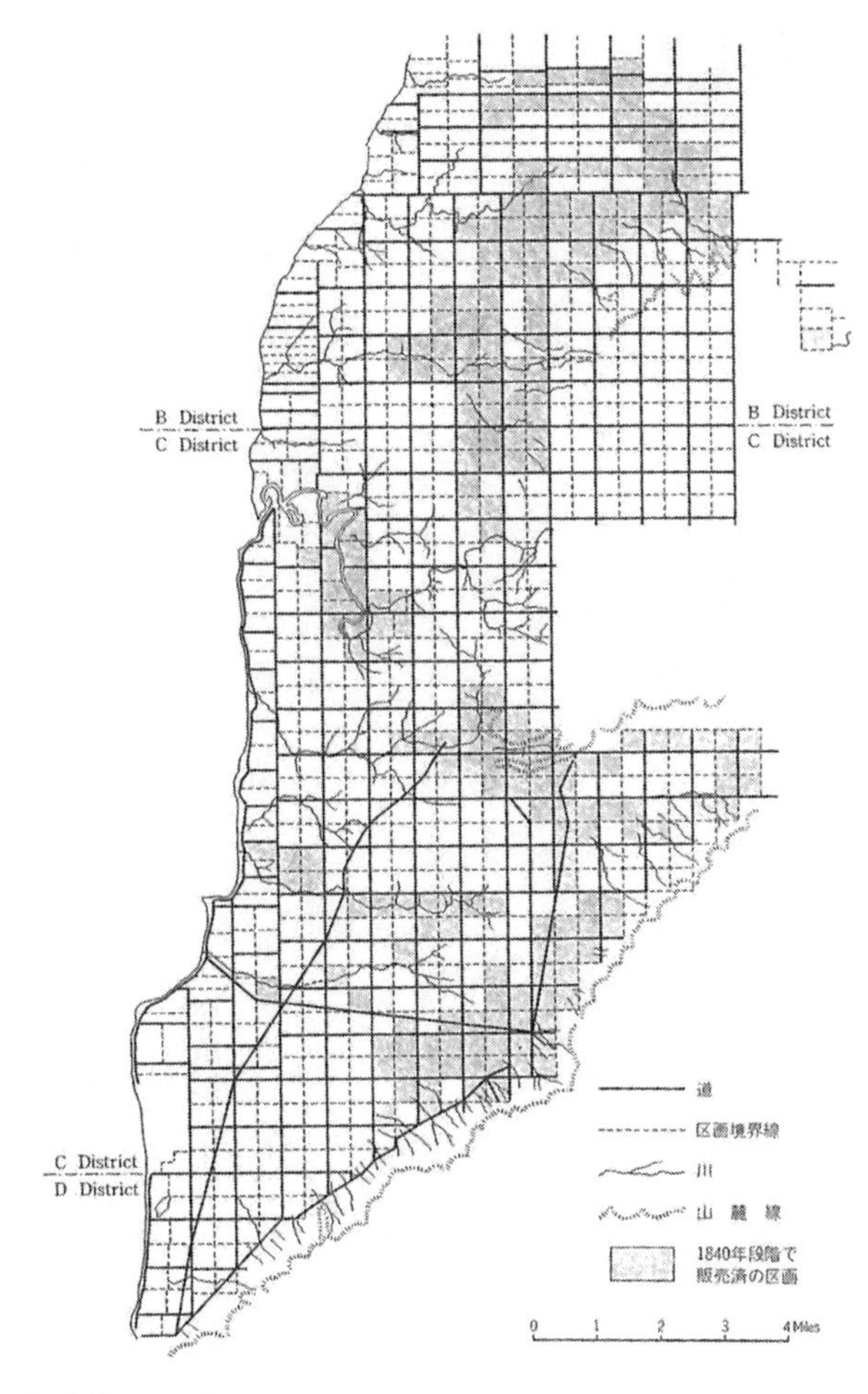

（出所）金田、1985年

―16参照)。

八〇エーカーの区画とは、南オーストラリア当初からの入植予定単位であり、自立した農民にふさわしい面積であると考えられていた。しかし、入植予定地が内陸の降水量の少ない地域に及ぶに従って、同程度の生産を確保するためにはより広い面積が必要となった。その結果、一八八〇年頃には四倍以上となる三二〇～六四〇エーカー程度の区画が入植地の半分以上を占めるようになり、一八九五年頃にはさらにその四倍以上の面積の区画が過半を占めるようになった。

この間、一八四〇年にはアデレード周辺のアデレード郡に一一のハンドレッドが設定され、ハインドマーシュ郡にも八つが設定された。南オーストラリアの郡とハンドレッドは、後に図4―17のような状況となったが、パリッシュはついに設定されなかった。

ハンドレッド内の土地区画は、初期における何種類かの長方形から始まり、ほどなく面積八〇エーカー（一マイル四方の面積の八分の一）の正方形の碁盤目区画となった。その後は、年月を経るごとに降水量の少ない地域へと入植地が広がり、何倍もの大きな方形の区画へと変化していったことになる。

オーストラリア各植民地では、このように方格プランが実施された場合も、そうでなかっ

図4-17　南オーストラリアの郡とハンドレッド

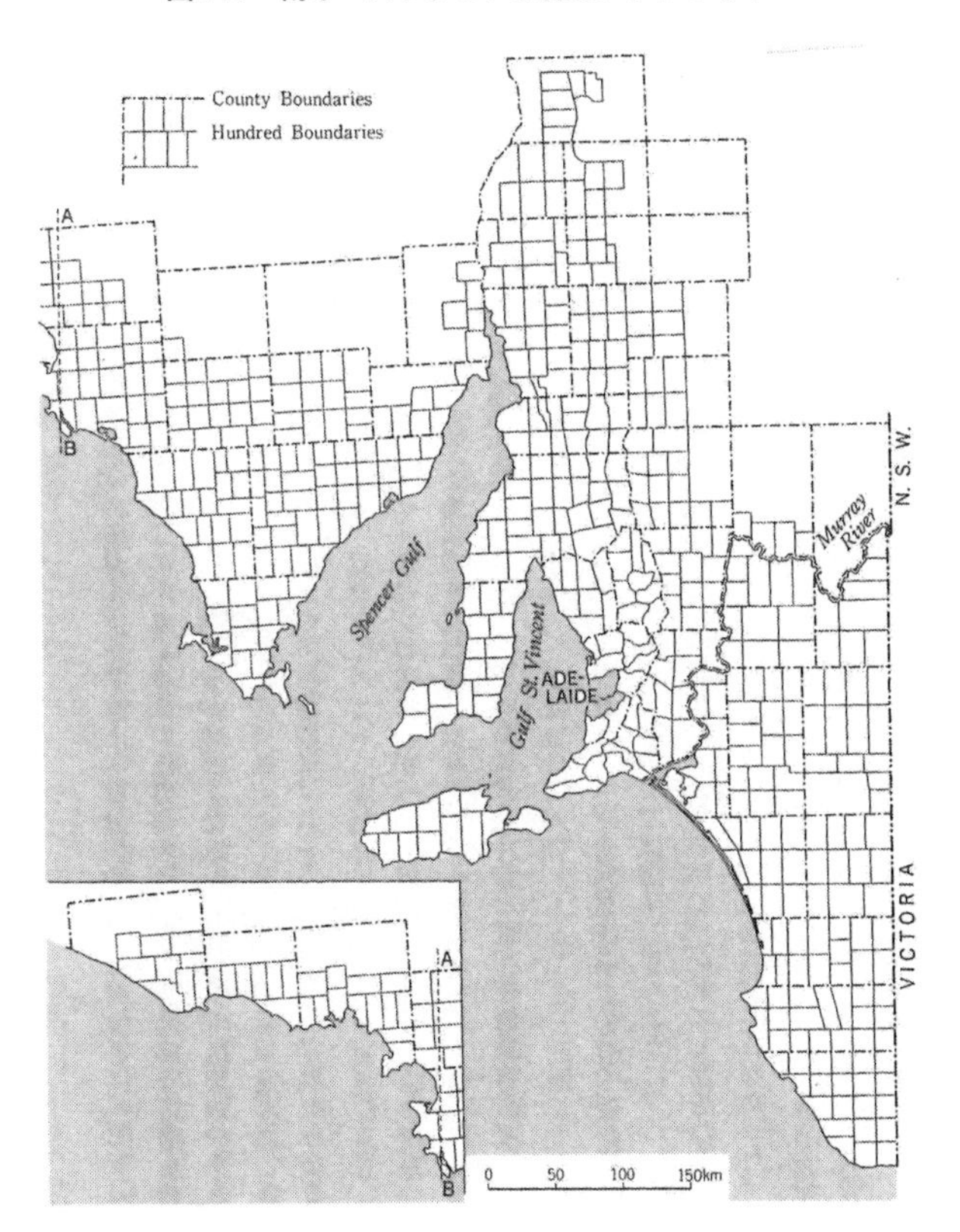

（出所）金田、1985年

た場合もあったことになる。しかも、方格プランの基本となる区画の規模も形状も多様であった。

オーストラリアに伝播したのは、米国においてタウンシップ制確立途上における、時期の異なったさまざまな方格の土地計画であった。これとは別に、次章で述べるように、伝播の先端は日本にも及んだ。

第　5　章

近現代の方格地割

札幌と屯田兵村

現在の札幌の地に中心都市を最初に想定したのは、伊勢松阪出身の探検家松浦武四郎（明治二・三年に開拓判官）であった。幕末に広範囲にわたって蝦夷（明治二年〈一八六九〉、北海道〈一一カ国〉と改称）を踏破し、「他日札幌に府を置給はば、石狩（現石狩市）は不日にして、大坂の繁昌を得べく、十里を遡り対雁（ついしかり）（現江別市）は伏見に等しき地となり、川舟三里を上り、札幌の地ぞ帝京の尊きにも及ばん」と記していた（『西蝦夷日誌』）。札幌、石狩、対雁をそれぞれ京都、大坂、伏見に、さらに石狩川を淀川に、川舟を高瀬川の川船に擬したのである。

明治二年に「開拓使」が設置されると、同年には開拓判官島義勇が札幌中心市街地の建設を始めたが、長官東久世通禧などと対立して職を辞した。後任の判官には岩村通俊が就任したが、資金不足などで建設は一時中断した。しかし翌年末に再開されて、同四年には開拓事業の本拠が函館から札幌に移動した。

一方、開拓次官となった黒田清隆の懇請を受け、明治四年にはアメリカ合衆国農務長官を務めたホーレス・ケプロンが来日した。東京で農学校（後に札幌農学校となる）を設立し、翌年に北海道へ赴任して明治八年に帰国するまで、北海道開拓について助言をした。なお、明治一五年（一八八二）には開拓使が廃止され、函館、札幌、根室の三県が設置された。同一九年にはこの三県を廃止し、全道を一括して北海道庁が設置された。

札幌の都市計画は、慶応二年（一八六六）に掘削されていた大友堀（明治七年、創成川と改称）によって市街が東西に別れ、さらに中央に幅五八間（一〇四メートル強）の東西道（火防帯、「大通」）を設定して南北に分かれていた。街区は基本的に一辺六〇間（一〇八メートル）の正方形であり、大通から北へ、街路を北一条、北二条と数え進み、南へは南一条、南二条と数え進んだ。東西街路は大友堀から西へ西一丁目、西二丁目と、また東へは東一丁目、東二丁目と数え進んだ。

大通の北側は官用地、南側は町用地とし、開拓使本庁舎の敷地は、南北が北一条から北六条、東西は西四丁目から西八丁目の、やや南北に長い長方形であった。また町用地では正方形の街区に、基本的に東西ないし南北に街路を設定して街区を半分の長方形とした。松浦が想定した「帝都」に模した方格プランの都市が、まさしく実現したことになる。

明治一三年（一八八〇）には手宮―札幌間に鉄道が開通して札幌停車場（現JR札幌駅）が開業した。大通は類焼を防ぐための火防帯であったが、明治四四年（一九一一）に公園設

図5-1　札幌市街中心部付近

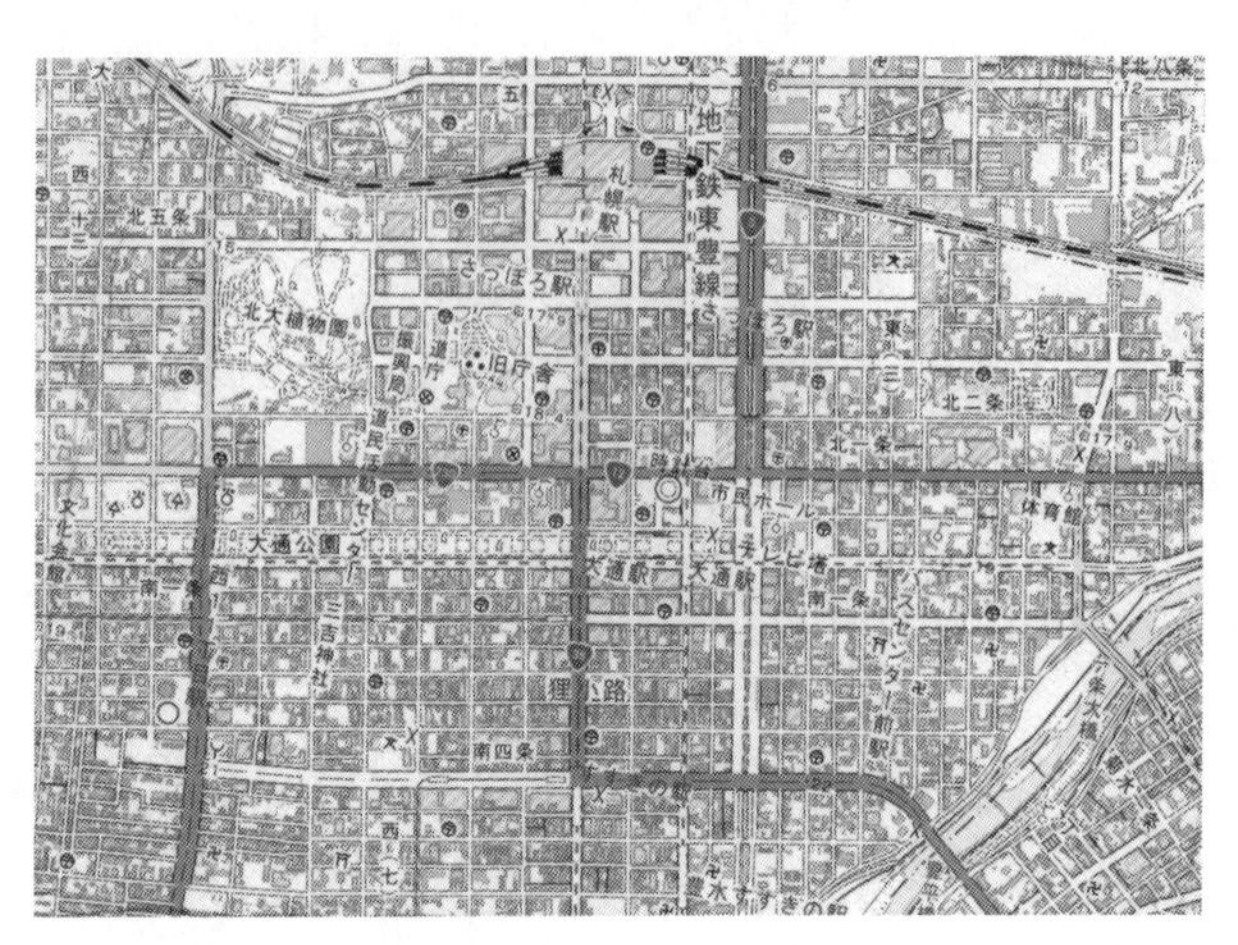

（出所）2万5000分の1地形図「札幌」

備が加えられ、現在の大通公園の基礎となった。

図５－１は現代の札幌市街中心部の地形図であるが、旧庁舎付近には正方形の区画が目立ち、大通公園の南側では正方形の街区中央に東西道が加えられた長方形の街区が多い様子が見られる。札幌の初期の方格プランの状況をよく示している。

一方明治六年（一八七三）には、黒田清隆が屯田兵制の建白書を提出していた。「屯田の制に倣い、民を移して之に充て、且つ耕し且つ守らしめば、すなわち拓殖兵備両ながらその便を得ん」とした。

これを受けて翌年、屯田兵制を定め、石狩国札幌郡琴似村（現札幌市西区）に兵屋二〇〇戸を新築し、屯田兵募集の準備を始めた。翌明治八年には一九八戸、九六五人を第一期として移住させた。

屯田兵には、支度料・旅費・日当などのほか、兵屋・家具・夜具に加え、各種農具・種物・扶助米（五年間）が給された。開拓には一戸当たり一万五〇〇〇坪（五町、五ヘクタール）の土地が給付された。さらに二五〇〇戸を基準として、兵村自体にも別に一万五〇〇〇坪が給された。

五町という開拓地の面積は、先に紹介した川越藩による武蔵野の新田、中富村と同様である。算定基準は不明であるが、畑地開拓の場合にこの面積が妥当と考えられたのであろうか。ただし土地区画の形状は全く異なり、中富村は道路沿いに列状の屋敷地の配置と、それぞれの背後に細長く延びた土地区画であった。屯田兵村の場合は長辺が三〇〇ないし二〇〇間、短辺が五〇ないし七五間などの長方形であった。

従って屯田兵村の給付地を画する直交の道路は、一辺三〇〇間の正方形ないし、二〇〇×四五〇間の長方形が多かったが、やや異なった例もあった。永山兵村（旭川市）の場合、図5－2のような北西側の道路沿いに二列の屋敷地が長い列状に並び、背後の農地は三〇〇×

図5-2　永山兵村

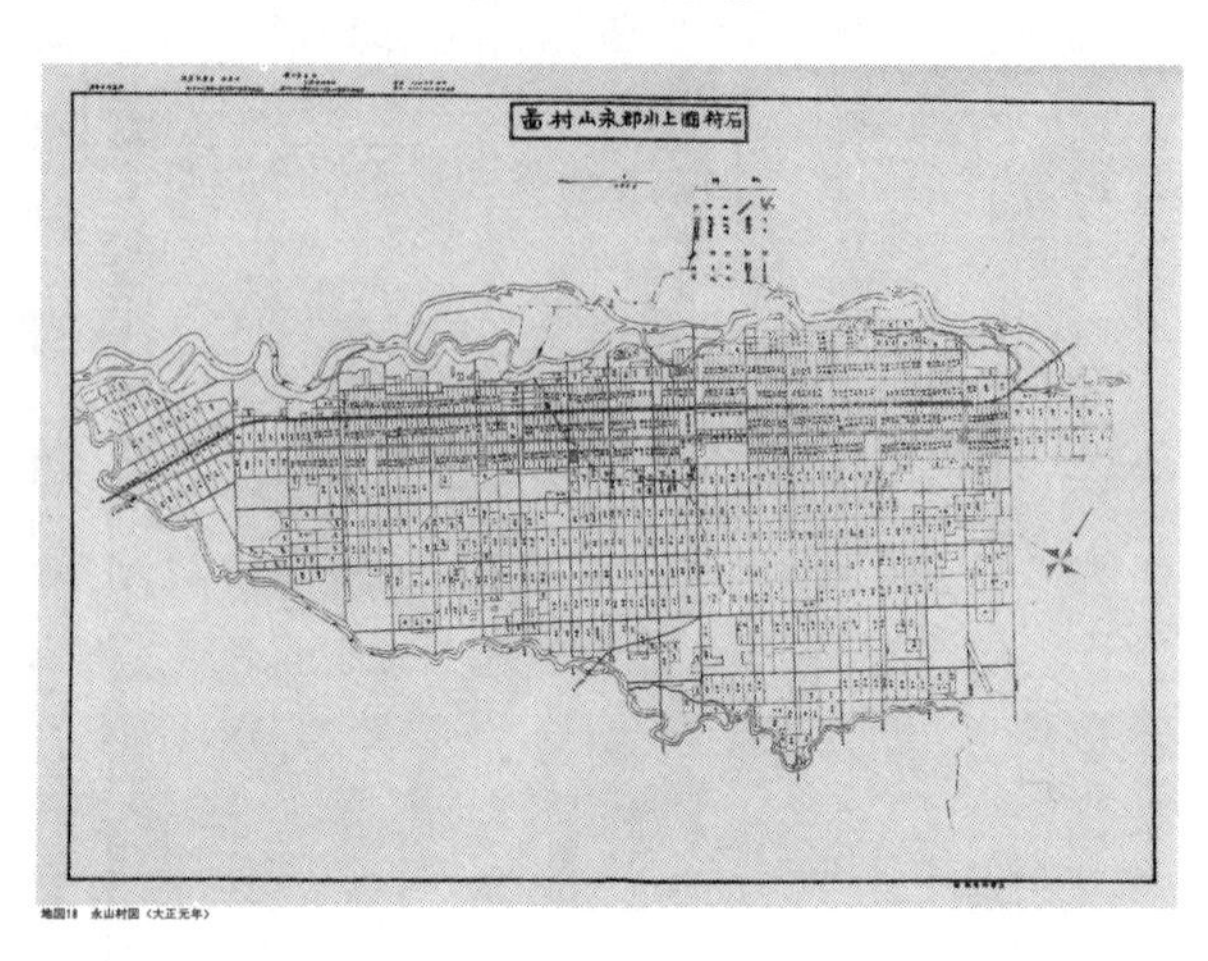

（出所）『地図と写真でみる旭川歴史探訪』

二四〇間（三〇間幅の防風林が加えられていた場合もある）の長方形を基本とした。

いずれも全体として方格プランではあったが、既存の交通路の方向を軸とした場合が多く、方格の方位は多様であった。

兵村の兵屋は、このような道路に沿った列状の場合も、旭川のような集団の塊となった街区を構成している場合もあったが、中心付近には中隊本部、官舎、練兵場などがあった。

明治三〇年（一八九七）までに、琴似兵村を含む第一大隊九村（兵村が中隊に相当）、第二大隊五村、第三大隊五村、第四大隊四村、特科三村などとなり、兵員総計七四八二人の屯田兵隊ができた。

北海道の殖民地区画

全道を一括して北海道庁を設置した明治一九年（一八八六）、「殖民地選定事業」を開始した。同二六年にはその施行手続きを改め、前もって殖民地払い下げ用の区画を施して、毎年それを公告することとした。

明治二九年施行の「殖民地選定及び区画施設規定」によれば、大・中・小の土地区画を規定している。「小区画」は間口一〇〇間、奥行一五〇間、面積一万五〇〇〇坪（五町、五ヘクタール）、「中区画」が方三〇〇間（約五四〇メートル四方、小区画六個分）、「大区画」が方九〇〇間（一六二〇メートル四方、中区画九個分）であった。

これに先立って、最初に計画的な土地区画が施され、入植者を受け入れたのは石狩川流域トック原野の石狩国樺戸郡新十津川殖民地（現在の新十津川町）であった。北海道庁技師の柳本通義らによって、明治二二年に区画が設定されたもので、同二九年の規定の小区画と、その六個分の中区画に相当する方格からなる殖民地区画であった。この小区画が一戸分の入植地とされた。

小区画の五町は屯田兵村の給付地と同規模である。さらに武蔵野の畑地開拓の一戸分とも同様であることはすでに述べた。一方中区画は、規模からすれば八世紀以来の条里プランの一里（六五四メートル四方）に比べ、やや小さい正方形の碁盤目であった。大区画の方は、アメリカ合衆国のタウンシップ制（第4章で説明）のセクション（一六〇九メートル四方）に近い規模として規定されていたことになるが、次のように実際には見られない。

明治二九年の規定による土地区画は、例えば石狩国上川郡近文原野（現旭川市）では図5－3のような状況であり、規定通りの小区画と中区画であるが、大区画は地図上に表れず、方位も西北―東南、東北―西南の方格であった。しかも近文原野のみならず、図5－4のように同郡に設定された方格は、地形条件や先行の道路に合わせてさまざまな方位であった。

このような殖民地区画の設定について、『北海道農地改革史』は前述のお雇い外国人ケプロンの指導と、アメリカのジョンズ・ホプキンズ大学に留学した佐藤昌介がかかわったとする。前章では、米国のタウンシップ制確立途上における、方格を基礎とした土地計画伝播の先端が日本にも及んだと指摘したが、この点についての検討は十分ではない。

まず、農務長官経験者のケプロンがタウンシップ制の知識を持っていたことは当然であろうが、明治八年に帰国したケプロンによる指導が、同二九年の規定に対し、どのように関与

図5-3　石狩国上川郡近文原野の殖民地区画

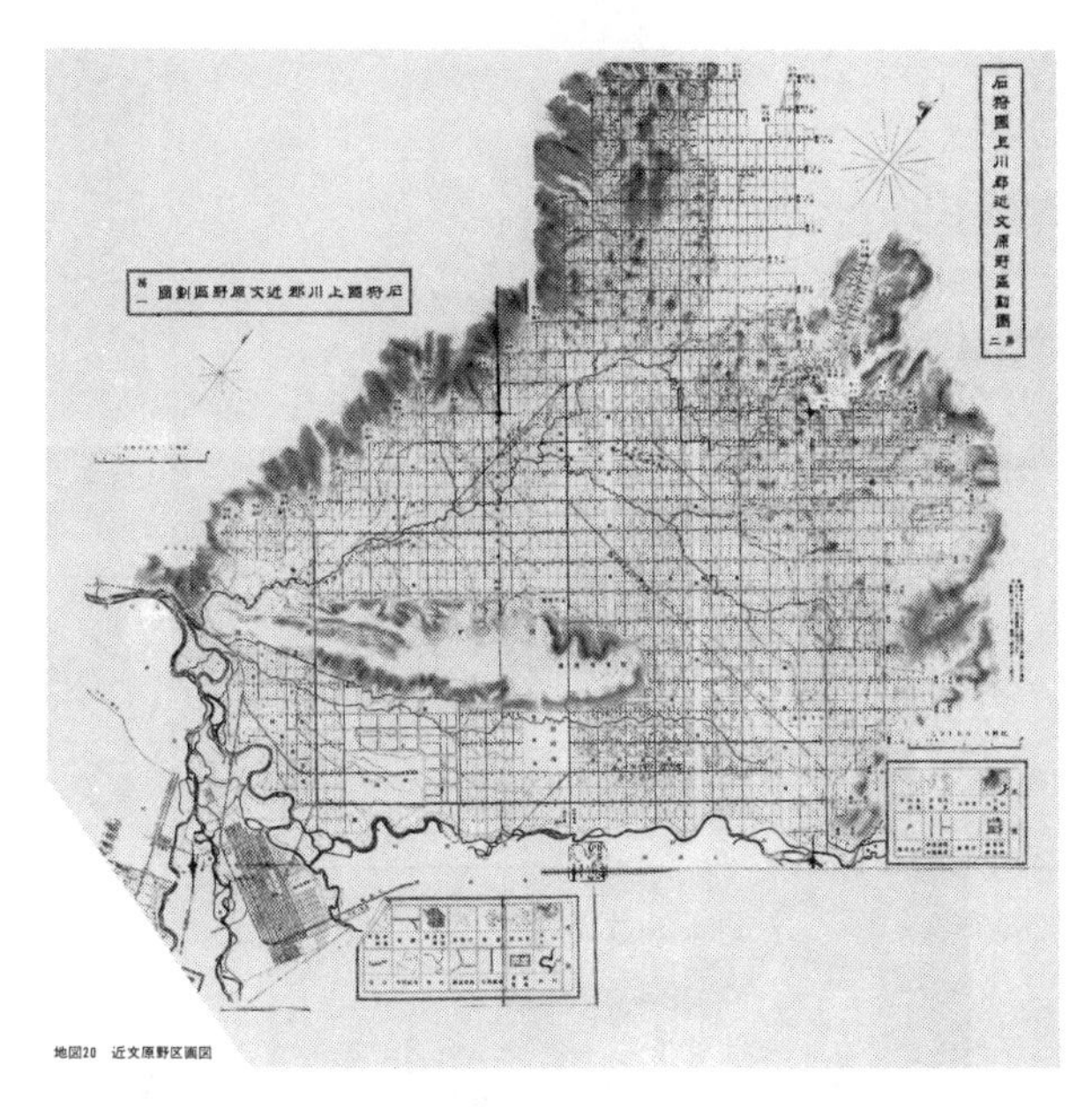

（出所）『地図と写真でみる旭川歴史探訪』

したのかは不明であり、少なくとも直接的ではない。

　一方、佐藤の方は、明治一二年に札幌農学校を卒業して開拓使御用掛となり、明治一五年にジョンズ・ホプキンズ大学留学へと渡米し、同一九年に博士号を得て帰国した。同年、母校の札幌農学校教授となり、やがて同校長を経て東北帝国大学農科大学（札幌農学校を含む）教授となった。

図5-4　多様な方位の殖民地区画

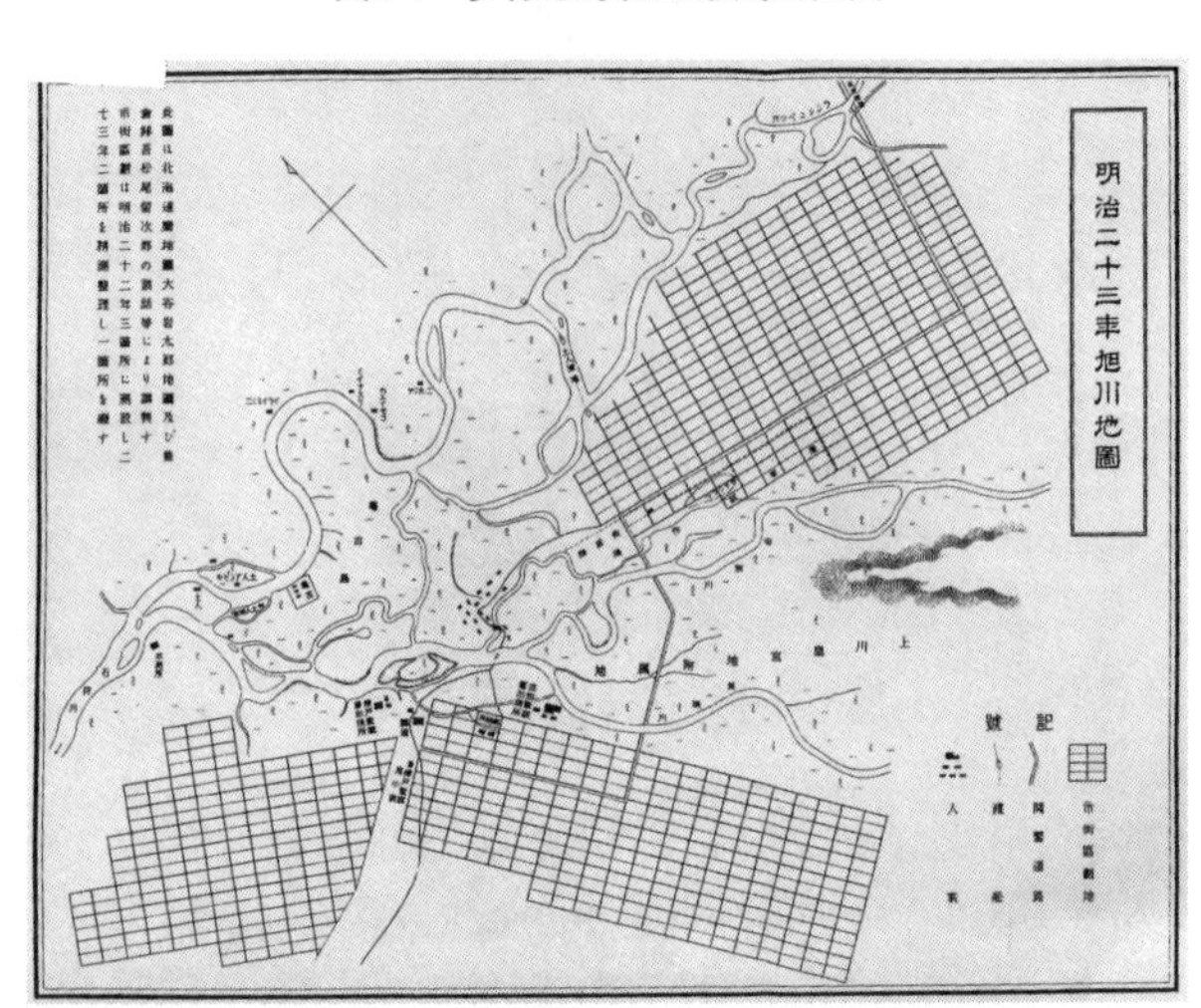

（出所）『地図と写真でみる旭川歴史探訪』

北海道帝国大学が設立されると、同大学教授となり、後に総長をも務めた。このような佐藤の経歴の時期と専門・職責からみて、佐藤の意見が殖民地区画の規定に反映した可能性はある。

　確かに佐藤の学位論文（一八八六年）では、六マイル四方のタウンシップとそれに南から北へ番号を付すこと、その列（レンジ）に東から西へ番号を付すことは紹介している。しかし前章で紹介したように、これは主経線と東西基線を基準とした一八〇三年成立のタウンシップ制の説明ではない。その前身となった、一七八五年成立の土地法によって設定されたセブンレンジズの説明だとみられる。佐藤論文の力点は、むしろ前章で述べた、一八六二年施行の自営農地法の説明とその評価であった。

佐藤論文にはセブンレンジズ段階の方格プランへの言及はあるが、タウンシップ制の基本であるタウンシップの区画についても、また、経緯線を基準とした設定基準についても、指摘を全く欠如していたことになる。当然のことながら、その内部のセクションやクオーターといった区画についての記述もみられない。

むしろ先に述べたように、方格プランの理念としては、松浦武四郎によって将来の札幌が京都に擬されていたことや、殖民地区画の「中区画」が条里プランの里の規模に近かったこと、五町の小区画が武蔵野の畑作新田の割り当て面積と共通していたことなど、日本固有の伝統的な方格プランや、畑地の開拓実績の影響もあるのではないだろうか。

いずれにしろ北海道に展開したのは、さまざまな方位の「中区画」とそれを六等分した小区画からなる方格プランであった。

畦畔改良法と田区改正

北海道開拓が進行する一方で、明治時代には国内各地の水田地帯でも、稲作技術の改良や土地区画の整備等の事業が展開した。土地区画からみれば、「耕地整理発祥の地」ともされるのが旧遠江国山名郡彦島村（静岡県袋井市）である。同村の名倉太郎馬は、村を水害から防ぎ、収穫量を増やすために尽力した。二宮尊徳の思想を軸とする、当時の報徳社の指導を得て、筋縄（すじなわ）を張って規則的に苗を植える「筋植え」や、それに便利な直線の畦畔による土地区画への整理を主導した。

名倉は明治五年（一八七二）に、この技術を試験的に小面積で実施して成功し、村人の賛同を得て、翌年から村全体の事業として実施し始めた。同時に磐田川の改修を開始し、川幅を広げて掘り下げるなどの水害対策も始めた。彦島村などが合併した田原村（明治二二年成立）全域の事業が完了したのは、同三六年であった。

旧彦島村の約四四町の水田において完成した土地区画は、直線状の畦と水路からなる一辺一〇九メートルの碁盤目区画であった。各碁盤目内部の水田一筆は、その三六分の一（一〇〇〇坪、三枚で一反）であり、各碁盤目を東西に九等分、南北に四等分した長方形であった。

一辺一〇九メートルの碁盤目とは、すでに述べたように、八世紀以来の条里プランに由来した畦畔・水路による「坪（坊）、面積一町（一〇段＝三六〇〇坪）」であった。旧彦島村では村域が、この区画の南北九個分、東西四個分（南側三個分のみは東西六個分）からなる碁盤目（条里プラン）を基本としていた。

しかし、おそらく何百年もの長い時間の経過により、また重なる水害とその復旧の結果、畦畔や水路がさまざまに湾曲していた。それらを直線化して筋植えに便利なように整え、条里プランの一町（一〇段＝三六〇〇坪）を近世以来の面積一町（一〇反＝三〇〇〇坪、以下、「段」と「反」を別の単位として表現）と整合させるべく、三六等分するという手法を採用したものであろう。

「畦畔改良法」と呼ばれるこの方法は、明治二〇年に富岡村（現磐田市）の鈴木浦八によって改良され、「静岡式」と呼ばれる手法として広く採用されたという。特徴は東西・南北方向の直線状の畦畔・水路と、その水路が各水田には直接流入・流出しない点（田から田へと水を送る田越灌漑（たごし））だとされる。改めて述べる耕地整理法の制定が明治三二年であったので、それに先行する事業であった。

もう一つの発祥の地とされるのが、石川県石川郡上安原村（現金沢市）である。やはり耕地整理法以前に「石川式」と呼ばれた手法であり、「田区改正」とも称された。士族で水田地主でもあった高多久兵衛が実施したものであった。明治二〇年、当時の石川県令（知事）が欧米の農業視察の報告によって耕地整理の知識を得、それを参考とした整備の実施を高多に依頼したとされる。

当時の上安原村の水田は、不規則で小規模な地筆からなっていた。しかも、地籍上より実際の面積の方が多い、「縄伸び」と呼ばれた測量結果の地筆からなっていた。事業によって実面積が減少することを避けたい地主たちからは、強い反対を受けた。高多は、工事費用の一時立て替えや所得補償を約束することなどにより、明治二一年に実施にこぎつけた。

その結果、上安原村には二四一九筆あった水田計約六〇町が、田区改正によって一〇八三筆となった。単純計算すると、一筆平均が一六六坪強となる。彦島村の一〇〇坪より広いが、彦島村の場合は三筆からなる一反を意識したものであったから、単純には比べられない。

もう一つの特徴は、正確な碁盤目ではないが、農道と用水路を四〇〜六〇間間隔でほぼ方格に通し、その間を二列の梯子状の地筆としたことであった。このような二列の各地筆は外側の農道沿いの用水路から用水を取り込み、二列の間に設けられた排水路へと流す様式であった。排水路の建設は、湿田の乾田化を可能とし、農業生産の効率化にも結びついた。

また、このような石川式の田区改正は各地で採用されたが、静岡式が東西・南北の方位を基本としていたのに対して、これにとらわれず、各地のそれぞれの状況に合わせて、弾力的に方位が決められた。

耕地整理法に先行した、このような静岡式「畦畔改良法」と、石川式「田区改正」の両者の特徴は、いずれも先駆的知見を中心とした、個人的事業ないし村単位での施工にあった。静岡式・石川式とも現実的には一枚一枚の水田区画は大きくないが、施工によって水田面積全体の増加がみられたこと、筋植え、乾田化、二毛作田化などの技術的進捗に対応して、生産力自体が増大したことなども注目される。

耕地整理事業

明治三二年（一八九九）には耕地整理法が制定され、翌年から施行された。同法はまず、耕地整理の目的を「耕地の利用を増進する」ためとし、「所有者共同して土地の交換もしくは分合、区画形状の変更」をすることや、道路・畦畔・溝渠（こうきょ）の「変更廃置（変更や廃止と設置）」を行うこととしていた。交換分合は小片の耕地の分散的な所有をまとめるためであった。

この耕地整理法は明治四二年に改正された。特に、耕地整理組合による耕地整理の実施を可能にしたことが大きな改正点であり、組合の在り方を詳細に規定した。耕地整理の実施経過を整理した小出進によれば、土地区画については次のような実施状況であった。

明治三五年、埼玉県北足立郡鴻巣町（現鴻巣市）で実施された「鴻巣式」は、方格状の農道によって、一辺一〇〇間×六〇間の長方形（面積二町）の区画（農区と呼ばれた）が設けられ、農区に小用水路と小排水路を通し、長辺を一〇等分、短辺を二等分する形であった。これによって、水田は三〇間×一〇間（面積一反）の長方形が標準となった。

明治四二年に設計された埼玉県新方領（現春日部市）の耕地整理も、ほぼ鴻巣式であったが、農道および小排水路の幅はやや広くとられた。大正中頃の長野県埴科郡清野村（現長野市松代町）もほぼ鴻巣式であったが、小水路は用水小溝、用排水小溝、排水小溝の三種類であった。耕地整理範囲の一部には農道を増やして、一反区画五筆ごとに農道を通した部分もあったが、そこでは用排水の分離が行われていなかった。

大正末期の神奈川県足柄下郡足柄村（現小田原市）の水田区画は五畝（〇・五反、一五間×一〇間）、農道の間隔が三〇間と、鴻巣式より農道の配置が密で、水田区画も小さかった。昭和一〇年頃の熊本県小田村（現玉名市）の場合は、農道が七〇間間隔であり、内部には、各一反の水田七筆が二列（計一四筆）に並んでいた。水路はすべて用排水兼用であった。

　これらの耕地整理においては、ほとんどの場合、農道の幅が一間程度と狭く、また各水田区画は一筆一反が多く、さらに狭い場合もあった。また何より、用排水を分離していないものが多く、排水（悪水）路が設置されていた場合でも十分な広さ・深さがなかった。地権者は、路壁が崩れやすいといった理由などによって、排水路の設置に反対の場合が多かったという。用排水分離は定着しなかったことになろう。

　耕地整理は、このように農道が直交するのが一般的であり、基本的には方格プランであった。先に紹介した旧彦島村は、条里プランと同じ一町（一〇九メートル）四方の碁盤目区画（農区）への畦畔改良であり、この様式は、例えば図5－5のように、条里地割が多い地域で採用された場合が多かった。同図の旧宇和町清沢（現愛媛県宇和島市）の場合はこの典型であり、一町方格（一二反、旧一〇段）の典型的碁盤目と、その内部を基本的に一二等分（一筆が一反）した地筆からなっていた。

　これに対して図5－6の住吉第二耕地整理（大阪市住吉区）の場合は、基本的に長方形の農区からなる方格プランである。右に紹介した鴻巣式あるいはそれに類する方格である。

　これらはいずれも、確かに方格プランではあり、農道や畦畔は直線化され、直交してい

図5-5　一町四方の基盤自区画への耕地整理
（愛媛県旧宇和町清沢）

（出所）武山絵美による

た。農道に画された方格は一町方格の碁盤目の場合と、長方形の区画の場合とがあった。それ自体は問題となることはなかったが、方格をなす農道は幅一間程度の狭い場合が多く、車両が導入されると、その通行には十分でなかった。

さらに、方格内部の一枚一枚の水田は、一反ないしそれ以下の小面積の長方形であり、しかも多くの場合、用排水が分離されていなかった点も問題であっ

図5-6　長方形への耕地整理（大阪市住吉第二耕地整理設計図）

（出所）ウェブ掲載

た。

圃場整備事業

明治から昭和初期にかけての耕地整理は、すでに述べたように近代初期の農業技術には対応ができたとしても、やがて到来した自動車の普及や農業の機械化の波に対応するものではなかった。とりわけ昭和三〇年（一九五五）頃からの高度経済成長期に急成長した工業と、伝統的な農業との所得格差を解消することも課題となった。昭和三六年には農業基本法が制定され、農業の近代化・機械化を進めることが目標に定められた。

昭和三八年には圃場整備事業（一次整備）が創設された（「圃場整備実施要領の運用」）。水田の区画整理、用排水路と暗渠排水の整備、農道の整備が主要事業であり、同時に経営体（農家を含む）の経営農地の集団化と集約化（一ヘクタール以上、中山間地域では〇・五ヘクタール以上）を図った。

土地を区画する幹線農道を、路面が幅五〜六・五メートル程度のアスファルト舗装とし、支線農道を幅三〜五メートル程度の敷砂利舗装とした。農道の間隔は二〇〇〜三〇〇メートルとし、農道沿いに用水路、農道間の中央に排水路を開鑿（かいさく）した。農道に画された内部の水田区画は、用水路と排水路に接した短辺が三〇メートル、長辺が一〇〇メートルの三〇アールの面積を標準とし、一ヘクタール区画の造成も可能とした。

全体として方格プランであることは耕地整理と同様であるが、農道の幅、水田区画の面積はいずれも三倍程度以上であり、何より用排水が分離され、暗渠排水も整備された。確かに自動車の普及や農業の機械化に対応したものであったが、もう一つの目的である工業との所得格差の解消には直結しなかった。

例えば先に述べた庄川扇状地扇央部の旧鷹巣（たかのす）村における、昭和三八年（一九六三年）の空中写真（写真1－2）では、耕地整理が行われていない不規則な形の小面積の水田からなっていた。それが圃場整備後の平成四年（一九九二）には、写真5－1（国土地理院）のようになった。明らかに水田区画は大きくなり、屈曲した狭い道路は、広くまた屈曲も少なくなっている。

写真5-1　砺波平野の圃場整備後

（出所）国土地理院

しかしこの場合、砺波散村の特性である分散した農家の位置を動かさず、旧来の主要道路の位置も移動していないので、農道は湾曲したり、農家を迂回したりしている。ただし全体として、農道は東南—西北方向と、これと直行する方向に設定されており、新設された農道は直線である。

同写真中央右側に典型的にみられるように、平行した約一〇〇メートル間隔の農道の中間に排水路の細い直線がみられる。水田区画は短辺を農道（および用水路）と排水路に接した、三〇アールの長方形を基本としている。旧来の道路を踏襲したり、農家を迂回したりした部分はやや変則的であるが、全体として三〇アールの水田区画、広い農道と農道沿いの用水路、農道間の排水路という圃場整備の基本は維持されている。

条里地割が広く遺存している地域でも、多くの地域で圃場整備が実施された。農道の拡幅、三〇アールの水田区画への変更、用排水の分離が主要目的であった。

滋賀県湖東平野の草津市志那町・下笠町付近の場合、西北—東南、東北—西南に直行する碁盤目の条里地割の方位と、その一辺一〇九メートルの幅を踏襲したものであった。この地区では、条里の碁盤目の二倍にあたる、幅二一八メートル間隔で農道を整備し、その中央に排水路を通して、二列に三〇アールの水田区画を配置した。農道幅や用水路・排水路の幅を除き、一〇〇×三〇メートル（三〇アール）の長方形の水田区画を、横に一〇区画並べると三〇〇メートルとなる。これが直交する農道の標準的な間隔となるが、もっと広い場合もあった。典型的な碁盤目ではないが、圃場整備の基本を維持した方格プランである。

中山間地域では事業単位の面積が小規模な場合が多く、平坦な水田造成には法面（のり）の高いひな壇状となるが、それも含めて圃場整備の施された水田区画が、日本の農地の一般的な状況となっている。

都市の区画整理

圃場整備事業の創設以前、昭和二九年（一九五四）に土地区画整理法が施行された（令和元年最終改正）。同法は「健全な市街地の造成を図り」「都市計画区域内の土地について、公共施設の整備改善及び宅地の利用の増進を図るため（中略）土地の区画形質の変更及び公共施設の新設又は変更」に関わる土地区画整理事業について規定した。

この事業は具体的に、自動車の普及に対応した道路の拡幅・新設、および不規則に存在した小区画の宅地の統合・整理などが対象であり、都市計画の実施を進めるものであった。

例えば香川県高松市では、「無秩序な開発によるスプロール現象を防ぎ、街路・公園・上下水道等の整備を含む計画的な都市基盤整備」を図るとして、いくつかの事業が実施された。その一つとして、高松市が事業主体となった「太田第二土地区画整理事業」も開始された。

昭和六一年（一九八六）に都市計画を決定、同六三年に着工した、約三六〇ヘクタールに及ぶ大規模な事業であった。平成二〇年（二〇〇八）には換地処分の公告をし、翌年に基盤整備が完了した。

換地処分の公告とは、土地区画の変更によって従来の小字・地番が消滅・変更されるので、それぞれの地筆について換地証明書を発行することを公に告知することである。

この太田第二土地区画整理事業の対象地区は、高松市街中心部の東南方にあたる農村地域で、無秩序な都市化が進行する懸念のある地区であった。この農村地区には、先に写真2－2で説明したような八世紀の初期条里プランを表現した古地図が描く場所を含んでいた。すでに述べたようにその後条里プランが定着し、条里地割が広く展開した地区（図2－1参照）であった。

この区画整理事業による土地区画は、写真5－2の上部のような状況であり、同図の下部は同事業未着工の条里地割部分であった。区画整理による土地区画は、条里地割の碁盤目の方位とサイズをほぼ踏襲して広い道路を通すとともに、それぞれの碁盤目の中間にも道路を通したものであった。

同写真では下部の条里地割部分にはすでにさまざまな施設が設置されており、「無秩序な都市化が進行する懸念」の一端がすでに出現していた。

　日本各地で実施された土地区画整理事業は大小さまざまな規模であったが、例えば宮崎市田野町の市街中心部から南西方に位置する、南原土地区画整理事業は、約三五ヘクタールの規模であった。

　同事業は平成四年に始まり、同三〇年に換地処分の公告がなされた。図５－７はその設計図である。街区は一見して不思議な形状で

写真5-2　高松市太田第二土地区画整理事業（完成近くの様相〈北側〉と条里地割〈南側〉）

（出所）国土地理院

図5-7　南原土地区画整理事業の設計図

（出所）ウェブ掲載

ある。周囲と中央付近を斜めに貫通するのは既存の道路の拡幅によるものであり、加えて、それらに平行ないし直交する街路網で構成されている。既存の幹線道路の踏襲・拡幅と、それらと直交する街路を設定するために、新設街路の一部を湾曲させているとみることができる例である。

見方を変えれば、既存の道路の拡幅と、幹線道路との直行街路の新設を中心に設計されており、できるだけ鋭角の街角の発生を避けた結果であろう。この点からみれば、道路の拡幅と直交街路が最も重要な方針であったものであろう。方格プランを志向した動向における、一種の変形であるともみられる。

田園都市構想と近隣住区論による土地区画

日本における土地区画は、すべてが碁盤目志向というわけではない。例えば渋沢栄一の構想に由来した田園調布（現東京都大田区）は、駅前広場を中心とした半円状の街路と放射状街路の組み合わせであった。ロンドン郊外の田園都市レッチワースの設計にかかわったエベネザー・ハワードの田園都市構想をモデルとし、その住宅都市版を目指したものであった。

田園調布は、郊外鉄道（現東急目黒線・東横線田園調布駅）の駅前広場西側を中心とした、五本の同心円状の環状街路を持つ住宅地であった。大正七年（一九一八）に田園都市株式会社が設立され、同一一年から分譲が開始された。

千里ニュータウンの場合は、大阪市北方の吹田市と豊中市にまたがる丘陵地帯に建設された大規模なニュータウンであったが、やはり方格プランではなかった。昭和三三年（一九五八）に事業化（計画面積二五〇〇ヘクタール、同三五年一一六〇ヘクタールに変更）が決定され、同三六年に起工された。翌年に入居が開始され、同四五年には人口一〇万人を超えた。

千里ニュータウンの計画はクラレンス・ペリーの近隣住区論を適用して、道路・鉄道・公園・学校・商店・住宅団地・一戸建て住居などを総合的・計画的に配置したものであった。吹田市域に二地区八住区、豊中市域に一地区四住区を設定した。「住区」とは、小学校・幼稚園・保育所・近隣センター・診療所・近隣公園を中心にし、周囲に住宅団地、その外側に一戸建て住宅を配置した単位であり、「地区」とは、これら住区が四つからなる、中学校・高等学校が存在する単位であった。さらに、この三地区全体の中心が千里中央であった。

住区・地区の施設や住宅団地・一戸建て住宅は台地上に建設され、街路や鉄道は台地の浅い谷の部分に通された湾曲したルートであった。従って明らかに方格プランではない。

図5－8左下付近の「せんりちゅうおう」付近が中央地区センターである。右上の「きたせんり」付近が地区センター、周辺の「青山台、藤白台、古江台」などが近隣センターで、その周囲に住宅団地、さらに外側に一戸建て住宅を配置した構造がよく表れている。

千里ニュータウンより少し遅れて建設された多摩ニュータウンもまた、ペリーの近隣住区論に基づき生活領域の単位を重視した構造であった。ただし、いくつもの大学が立地し、「サービスインダストリー地区」が設置されたことが一つの特徴である。昭和三九年（一九六四）に多摩新都市開発計画が策定され、七年後に入居が開始された。令和三年には人口二二万人に達した。

図5-8　千里ニュータウン付近

（出所）2万5000分の1地形図「吹田」

この場合も、丘陵地の浅い谷の部分に街路を通し、丘陵部に住宅地を配置して、相対的に地形配置の原形を残した造成であり、街路に方格状の部分は少ない。

しかし、田園調布や千里・多摩ニュータウンのような例はむしろ例外であった。これらほど規模が大きくない場合のほとんどが、また特に特徴的な方針や構想が採用されたような場合を除き、日本の住宅団地はやはり方格街路を基本としていた。

近代・現代においても方格プランへの志向は、やや形を変えつつ展開し続けていることになる。

第 6 章

なぜ碁盤目を志向するのか

土地区画と景観の関係

景観とは、目に見える地表の事物の集合体である。人が土地に居住して農業を営む村落や、多くの住宅や商店・オフィスなどからなる都市などが典型的である。土地区画はこれらを形成する人々の活動の基礎であり、時には活動の結果であるともいえよう。

ただし、土地区画が土地計画によって設定されただけであれば、目に見える景観の要素にはなっていない。土地計画が設計図のように図化されていたとしても同様である。

しかし土地計画上の土地区画であっても、いったん所有単位や用益単位となれば、住宅や各種の建物・敷地の単位として視覚的な事物となって、また農業などの土地利用の単位となれば、作物の栽培単位や耕作単位となって、いずれの場合も景観の要素となる。土地区画に準じた道路ができれば、それも同様である。

本書でこれまで紹介してきた代表的な土地計画の形状は多様であった。碁盤目の規則的な形状を基礎とするものが、日本の条里プランや殖民地区画、古代中国の井田制、古代ローマのケンチュリア、米国のタウンシップ制、オーストラリアの各種方格プランなどであり、不規則な形状には中世ヨーロッパの囲郭都市や村落・耕地のようなものもあった。日本でも、圃場整備以前の棚田や緩傾斜の扇状地上の水田などがそうであった。

条里プランや殖民地区画と、タウンシップ制やオーストラリアの方格プランなどは景観としても確認できるが、彼我の土地計画自体が景観として形成されたり、それを確認できたりする程度は大きく異なっている。さらに、井田制やケンチュリアは景観として確認されないか、されてもごく一部の報告があるに過ぎない。

これに対し、日本・中国における古代以来の方格プランの都市、日本・米国・ヨーロッパの近代都市などの方格プランは、土地計画がそのままで都市として建設され、若干の変更があったとしても都市景観として出現していた。検討してきた対象の事例自体がすでに景観として存在し、街路や、街路に画された街区の形状を実際に検討できたのである。

日本における干拓新田の方格地割やオランダのポルダーの場合も、計画が実現し、景観として存在するという点では、都市の事例の場合と類似しているといえよう。

本書で使用してきた土地区画とは、第1章で述べたように一般的表現である。それに対し、地割の語は、具体的対象と結びついた場合の表現として使用してきた。土地区画は土地計画や制度に対してだけでも使用可能であり、景観としての存在そのものではなかった。ところが地割という表現の場合には、すでに景観としての存在に結びついた表現であった。

その意味では、条里プランや方格プランとして使用してきた「プラン」という用語の場合も、計画のみならず平面形態を意味する語彙である。一義的には図上の形態であるが、景観としての存在を意識させる用語である。本書では、そのように使用してきた。

本章の目的は、なぜ日本では碁盤目を志向するのか、を探ることである。そこで改めて、碁盤目区画という表現が、碁盤目の土地区画という意味であることを確認しておきたい。碁盤目区画は土地区画の形態を意味し、必ずしも景観を意味しない。しかし日本では、碁盤目区画が景観としても存在することが多いことはすでに述べた。本章ではこのことに留意しつつ、これまでの広範な検討を踏まえてその背景を探りたい。

農地の土地計画の変遷

農地の土地区画は、土地の配分ないし販売を含む土地計画や、その後の相続などによる所有権や用益権によって発生したこと、また土地利用の単位によっても成立したことを、各章で確認してきた。

土地区画の形状を規定したのは、それを設定した土地計画や方針が基本であったが、地形条件や土地利用も大きく作用した。水田などの土地利用は地形条件に規制された場合が多かったが、畑地の土地利用は気候条件や栽培作物など、それ以外の状況に対応した場合もあった。

日本では歴史的にも、地形条件によっても、さまざまな規模と形状の土地計画・土地区画があった。とりわけ特徴的であったのは、八世紀の国家的な農地管理に際して、典型的な碁盤目の土地計画である条里プランが整備されたことである。

条里プランは土地表示法として政策的に成立・展開し、その機能が変遷したものの、中世以後においても碁盤目区画が使用され続けた場合が多かった。その過程において強く認識された碁盤目区画は、やがて地上の道や畦畔として広く造成され、多くの場所において景観として定着した。

近世・近代に至っても、造成方針の明確な干拓地などにおいて、いろいろな方形の土地区画が施工された。さらに近代・現代の耕地整理や圃場整備によっても、農業の機械化と土地利用の多様化に対応すべく、土地区画の大規模化が実施され、さまざまな方形の土地区画が造成された。このような過程において、日本の農地の場合は可能な限り水田を志向したために、土地区画の平坦化を不可欠とした。

しかし一方で、近世には水田化が困難な台地状では畑地開拓が進展し、例外的に方格以外の形状が出現した。道路沿いに宅地が並び、宅地幅で奥行きの長い土地区画群からなる形状であり、地形条件に規制された畑地開拓という土地利用における限定的な出現であった。

ところが近代に入って本格的な開拓が始まった北海道では、畑地開拓ではあったが、方格を基本とした殖民地区画が立案され、実施された。ただし、地形や既存の道などを基準とした方格であり、方位は多様であった。

日本以外では、中国において古代以来、井田制と称される九等分の方格による土地の配置と利用の理念がよく知られていたが、実際の土地区画や土地表示の例では方格状の農地を表現する例が見つからなかった。実際の農地においては、これに類似する「帯状地割」は存在するが、方格状の農地景観としての存在には結びついていない。

一方古代ローマの場合、ケンチュリアという碁盤目の土地計画があった。方格の土地計画を大理石に刻んだ地図が南フランスのオランジュで発見され、北イタリアではそれが地表に定着した遺構も報告されている。

しかし中世ヨーロッパでは、このような方格状土地計画の伝統は継承されず、緩やかな起伏の平原における長大な紐状の耕地群からなる土地計画が展開した。規模は大きく異なるが、形状と畑作中心の土地利用という点からすれば、近世日本における台地上の畑作新田の土地区画と類似する。

さらに一七、一八世紀の北米大陸においては、新フランスのセイニャリーと呼ばれる川沿いの長大な紐状の土地区画が一つの典型であった。その形状を受け継いだカナダのタウンシップの一部、あるいは一七世紀のニューイングランドにおける入植地の農地も、形状と土地利用から見れば類似性が大きい。類似の土地区画は、後に西オーストラリアでも設定された。この場合は、正確な測量や地図がないままに、屈曲した川沿いに土地区画の幅だけを決めた入植過程において発生した。

一七世紀初頃のヨーロッパでは、オランダのポルダーと呼ばれる干拓地において碁盤目区画が施された例を紹介した。このような碁盤目区画は、ヨーロッパではむしろ例外的であった。ところが北米に持ち込まれた、英国の村落に由来するタウンシップと称された入植単位は、一八世紀の中頃において次第に多様な方形に設定されるようになり、やがて六マイル四方が標準規模となった。

このタウンシップと呼ばれる六マイル四方と、その内部の一マイル四方のセクションからなる碁盤目の土地区画が、一九世紀初めごろには国家的土地計画として制度化され、アメリカ合衆国の中西部以西において、地区ごとに選定された経緯線を軸として広く展開した。広範に展開した理由は、入植を大々的に推進した国家目的の下に、平原に設定された土地の配分や譲渡のための土地計画であったことであろう。

このタウンシップの土地計画が、母国イングランドの各種地域単位の呼称を用いながらも、独自に発生・完成したものであることはすでに述べた。ただし碁盤目の設定基準には、古代ローマのケンチュリアとの共通性がみられる。両者とも東西南北の基準線を軸とした碁盤目であり、またその交点からの番号による土地表示であった（条里プランでも越前国で類似の土地表示法があった）。

類似の方格状土地計画は、カナダやオーストラリアでも展開したが、これとは異なった基準や規模の方格プランであった。いずれもむしろ、完成したアメリカ合衆国のタウンシップ制度とはやや異なり、それ以前の多様な状況が伝播して別途に展開した、と考えた方がそれぞれの実態に適合する。区画の規模や形状がさまざまであったことに加え、区画の名称もまた多様な方格プランであった。

農地の碁盤目区画が増えた理由

日本の近代においても、碁盤目区画の景観としての定着・形成が進んだ背景には、いくつかの条件あるいは、それを推進する状況があった。最も大きな特徴は、可能な限り、農地がまず水田を志向したことであろう。水田は、湛水するために土地区画内を平坦化する必要がある。

この平坦化された土地区画はまず耕作単位であり、所有単位であることもあった。条里プランに基づいた碁盤目区画が定着した地域では、このような土地区画群が規則的に並び、坪（三六〇〇歩＝一町＝一・二ヘクタール）に相当する、道や畦畔・水路で囲まれた正方形を構成していることが多いのが、碁盤目区画の展開の背景にあったことは確かであろう。

しかもこの方向性は、近代における農業経営改善のための畦畔改良や田区改正などにおいても推進される場合があった。苗の「筋植え」や、用水路整備、規則的な土地区画の形成などによって農業の技術改革を進め、碁盤目区画や方格プランの増大に結びついた場合があった。耕地整理事業はさらにこの動向を推し進めた。

圃場整備事業の場合は土地区画・農道ともに大きく変化した。農業の機械化を目指し、自動車の普及を前提としたので、水田の土地区画は一枚三〇アールと大きくなり、用・排水路分離と農道の整備が進められた。その結果、必ずしも碁盤目区画ではないが、方格プランの水田地帯が日本全国に展開した。

本来不規則な形状であった斜面や山麓の棚田地帯であってもこの例外ではなく、現代の圃場整備の結果として多くの棚田が統合され、大きな方形の区画として平坦化されている。一枚の水田面積は平地の場合ほど大きくないものの、圃場整備事業によって小型の農業機械・自動車の導入が進んだ。さらに、台地上の畑作地帯の場合も、用水整備と水田化を伴った圃場整備によって、さまざまな大きさの方格を基準とし、各区画を平坦化している。

このように、平坦地も傾斜地も、水田の土地区画は平坦化され、畦畔や農道は農業機械・自動車の導入のために直線化された。歴史的に碁盤目区画からなる土地計画の影響がある一方で、近代・現代においても、機械化や自動車の導入、新技術への対応、といった面で、方格プランへの志向性は非常に強かった。その結果日本では、平坦化された方形の農地区画は一般的な存在として、日本全体の共通の認識となっているといってよい。

これに対し、ヨーロッパの畑作地帯では、多くの場合、緩やかな起伏があったが、水平化の必要はなかった。中世以来の耕区ごとに散在した各農家の紐状耕地も、機械化・経営合理化のために交換分合されて土地区画は大きくなったが、碁盤目区画でも方格プランでもないのが一般であった。

やはり畑作中心で、とりわけ平坦な北米・オーストラリアの平原の場合、タウンシップ制や、それに類似した土地計画が展開したが、土地区画の単位・形状は日本の水田地帯と大きく異なっていた。特にアメリカ合衆国のタウンシップおよびセクションもまた、開始の時期と継続期間は異なるが、一九世紀に成立して以来の展開は極めて広範に及ぶ。また成立過程のそれぞれの段階で伝播し、それが変容した形で展開した国々も多い。

条里プランとタウンシップ制の共通点の一つは、いずれも国家的政策として展開した土地計画であったことであろう。しかし、大きな違いもある。まず碁盤目の規模が、日本の「坪」では一辺一〇九メートル、セクションでは一辺一六〇九メートルと、両者は大きく異なっていた。さらに、一方の土地利用は水田が中心、他方はまず畑作であったことも大きな違いであった。

タウンシップ制やその類似の土地計画の場合、全体として土地計画の方向に従った東西・南北の道路網と方形の所有地からなる方格プランが展開したものの、各土地区画が必ずしも碁盤目区画というような形状ではなかった。

これに対して日本での碁盤目区画は、八世紀以来の持続的展開であった点に加え、近現代にさらに新たに展開したという点で希有(けう)な例と言ってよい。

市街の土地計画の変遷

先に唐の長安城の例を紹介したように、中国では方格街路と街区の都市が展開し、平城京など日本の古代都市にも影響を及ぼした。長安城では、街区の規模や形状がいくつかの類型からなっていたが、日本でも平城京では、方格状街区にやや不均等があった。しかし長岡京や、次いで平安京に至って均等な碁盤目の街区となった。平安時代には、大宰府や斎宮などもまた、方格プランからなる都市であった。

平安京以来の街路網と街区の様相を残している京都や、一六世紀以来の大阪（坂）、一七世紀建設の名古屋も碁盤目状の街区からなっていたが、これらほど典型的ではなくても、近世起源の多くの城下には方格プランへの志向性があった。近代に入って計画された北海道の札幌や旭川などの都市もまた、方格プランであった。

古代ローマの都市もまた、方格の街路・街区への方向性を有していたことはポンペイの発掘調査例からも明らかであるが、必ずしも典型的な碁盤目ではなく、都市の外形も方形ではなかった。

ローマ時代のロンドンにみられたように、中心部では方格を志向する街区の状況を示していたものの、その外側では囲郭は不定形な扇形であり、街路の方向も多様であった。ケルンの例も類似であり、ローマ時代の植民都市部分は方格の痕跡を残しているが、中世には、川岸に広がる扇形のような城壁に囲まれた外形と、内部の屈曲した街路からなる都市となっていた。

ヨーロッパ世界の方格プランという点では、確かに古代ローマの都市が多様な方格からなっていたが、すでに述べた農地の方格プランとともに、中世においてその伝統は失われた。円形・楕円形や扇形等の囲郭に取り込まれた中世のヨーロッパの都市は、その後の人口増大とともに囲郭を外側に拡大して市街地面積を拡大し、内部の市街がさらに複雑な街路網となった例も多い。囲郭を外側へと移した場合には、しばしば旧囲郭跡地が環状道路になった。環状道路の出現は、ヨーロッパ都市の一つの特徴であった。

続くルネッサンスの時期の市街には、星形の囲郭や城砦が発達した。中にはハーナウのように、囲郭は楕円形であるが、その内部に方格の街路網を有した都市も出現した。

一方で方格プランの都市は、一七世紀以後の北米大陸や一九世紀のオーストラリアにおいて盛行したが、街区の規模や形状は多様であった。

北米大陸では、ペンシルバニア植民地のフィラデルフィアが方格プランの都市の嚆矢であった。アメリカ合衆国の独立後は、ワシントンのような方格プランと斜交街路を組み合わせた都市計画や、タウンシップやセクションの方格と方位に規制された街路からなるシカゴのような市街が出現した。

オーストラリアでも、メルボルンやパースが方格プランで、アデレードの場合は方格プランの外側をパークランド（緑地帯）が取り囲む形状であった。このパークランドタウンは、オーストラリア各地やニュージーランドにも伝播した。

北米のワシントンのような方格プランと放射状街路の組み合わせは、ヨーロッパでも後にバルセロナで実施され、パリでは放射状街路の建設を軸として都市改造が行われた。

先に概観した農地については、日本で八世紀に成立した土地計画（条里プラン）が、碁盤目区画という点ではローマの土地計画（ケンチュリア）と類似していた。市街についても古代日本と古代ローマの世界では、すでに概要を振り返ったように、少なくとも碁盤目や方格への志向性は共有していた。

しかし日本では、八世紀の都の都市計画に方格プランが採用され、農地の条里プランも実際の土地区画として定着・発展したのに対し、ヨーロッパ世界では、方格プランの伝統はいったん途絶えたこととと、後に一八・一九世紀の北米で新たな土地計画として展開したことが大きな違いであった。

市街の碁盤目志向の背景

区画整理事業は農業用ではなく、市街の再開発や、都市近郊の市街地の拡大を予測し、その整備を目的としたものであった。これらもまた方形を志向した場合が多い。いずれも、境界線や道路をまっすぐにしようとすること、道路の幅を広げることが中心的な事業で、方形区画を志向している点では農地と同様の方向性である。

市街の区画整理も、農地の圃場整備もいずれもが、自動車の交通量増加や農業の機械化に対応することを目的とした。しかしその際、町名や小字といった、身近な地域単位の名称や区画の変更を余儀なくされ、伝統的な生活単位の変化や、それとの断絶に直結している。

先に述べた傾斜地における農地の場合にとどまらず、宅地においても各区画は平坦化されることが多い。日本では、特殊な立地の庭園等を伴った例を除き、一つ一つの宅地区画もまた平坦化されるのが普通であろう。新しい宅地造成の現場では、平坦化された区画や、それが雛壇状に並んだ状況が見られるのがごく普通の状況である。

しかし先に取り上げた欧米やオーストラリアでは、傾斜地の場合にも、傾斜をそのままにした宅地が普通にみられることが多い。もちろん建物の基礎や床は水平につくられるが、周囲の敷地はもともとの地形のままで利用され、わざわざ平坦化されることはほとんどない。個人家屋の前庭などが緩やかに傾斜して街路に面しているのはごく通常の様相である。

例えば西オーストラリアのパースでは、一方の街路の一階からデパートへ入り、反対側の街路に出ようとすると、建物内で一階分上に登らなければならない（逆の場合は下りる）ということもあるが、これも不思議な状態や光景ではない。

あるいは、地中海沿岸諸国の傾斜地における石造住宅群では、隣家と塀で接し、巨大な集合住宅のようになっている。ヨーロッパの市街ではこのような場合でも、地形を改変することは少ない。

日本における土地の平坦化は、傾斜地における宅地造成や工業団地の造成の際に特に顕著にみられる。傾斜地の谷が埋められ、尾根は削られ、各宅地は雛壇状に平坦化された方形に区画されるのが普通である。工場用地の場合も同様である。方形の区画造成と平坦化は、方形志向の流れの中で違和感なく、当然の工程として受け入れられている。市街地造成の場所であってもかなり急な斜面があり、また一区画の面積が狭いことが関わっている可能性もある。

　このような、方格の街路網の形成と、宅地や工場用地の造成に際しての平坦化は、一見すれば地形条件を克服して利便性を高くするかに見えるかもしれない。しかし、先に述べた欧米やオーストラリアの例からしても、それは不可欠な、あるいは必須の要件なのだろうか。

　地形条件を無理に克服しようとした造成工事は、谷を埋積した軟弱な部分の土砂崩れなどにより、不慮の災害を招く恐れがある。例えば二〇二一年七月、静岡県熱海市において、山腹の不適切な盛り土がもたらした災害が記憶に新しい。盛り土の土砂崩れが、すぐ下流側の谷付近における土石流の発生に結びつき、多くの死者・行方不明者が出た。

　ただし日本においても、すべてが碁盤目志向というわけではない。例えば渋沢栄一の構想に由来した田園調布は、駅前広場を中心とした半円状の街路と放射状街路の組み合わせであり、ハワードの田園都市構想の住宅都市への適用例であった。

　また千里ニュータウンや多摩ニュータウンは、ペリーの近隣住区論を適用し、生活領域の単位を重視した構造であり、街路に方格状の部分は極めて少ない。さらに、いずれも丘陵地の浅い谷の部分に街路を通し、丘陵部に各種施設や住宅地を配置して、相対的に地形の原形を残した造成であった。これらはいずれも、新たな構想の適用であった。

　このような例が存在するとはいえ、何といっても日本における方格プランへの志向とその伝統は極めて長く、また強い方向性であった。方形の宅地や敷地へのこだわりが強いといってもよいであろう。さらにその土地区画の平坦化もまた、極めて一般的な趨勢（すうせい）である。

碁盤目区画の利点と問題点

方格プランへの志向、典型的には碁盤目区画への志向が、例外はあるにしろ、日本における八世紀以来の伝統的動向であった。市街においては方形の街区、方形の宅地・敷地と、方格をなす直線状街路の形成が進み、農地においても方形の土地区画、方格の直線状の農道の造成が進んだのである。

この伝統的な動向に加えて現代の市街の場合においても、自動車交通中心となった車社会への対応と、火災をはじめとする防災対応が、この動向の推進力となった。農地の場合も同様に、まず機械化や農業用車両の一般化といった状況への対応であったが、さらに農業技術の進展に対応した土地改良や用排水路整備が主要な目的に加わっていた。

言い換えると、市街でも農地でも、自動車、特に自家用車が一般的移動手段となったことへの対応と、機械化とりわけその大型化や、新しい農業技術への対応の必要性が、幅の広い直線道路が直交する方格プランへの原動力であることになろう。

市街において、車の通れない細い道や屈曲した道は、歩行者や地元生活者にとって親しみやすい場合があるかもしれない。現在でも屈曲した細い街路からなる地中海沿岸などの歴史的都市は、それが最大の魅力となり、観光ポイントとなっていることが多い。

一方日本における区画整理の進んだ市街では、区画整理とともに伝統的な街路が失われ、また建築物も更新されるので、没個性的な魅力の乏しい景観となる場合がある。

とはいえ、非常時に救急車や消防車が入れないような市街は、車社会である現代都市への適合が難しいことも確かである。

こうした状況を含めて、近現代の方格プランないし碁盤目区画への動向は、経済合理性ないし車社会への適合性を求めた方向だとみることができよう。

区画整理による景観上の変化に加えて、区画整理の進行とともに採用されることの多い住居表示の制度もまた、新しい街路を軸としたものであり、画一的な印象の表現であることが多い。すでに述べたことがある（金田『地形と日本人』）ので繰り返さないが、住居表示は歩行者中心の伝統的社会において成立した地名や町名の実質的な変更であり、新設された直線の方格状街路からなる市街への対応である。

しかしこれらは、やや大げさに表現すると、地元生活者の歴史の喪失、あるいはコミュニティ単位の改変による市街の無機化の推進、といった側面を伴う動向でもあろう。複雑な形状で変化の多いヨーロッパの歴史的市街に慣れ親しんだ人々からすれば、このような区画整理がなされた市街は、画一的で単調な印象を与えるかもしれない。

地形条件と宅地の狭さの影響

日本における方格プランの動向は、市街と農地を問わず、同時に個々の土地区画内の平坦化を伴っていた。水田中心の農地の場合に平坦化が不可欠であることは、すでに述べたように極めて当然である。しかし水田と異なる、市街の個々の土地区画内の平坦化に直結する要因を端的に示すことは難しい。

これについて、まず指摘したいのは次の二つの要因である。一つは日本の地形条件であり、傾斜地が多く、市街であっても山麓や丘陵に建設する場合があることであった。特に現代において、住宅団地の用地をまとめて確保できるのはこのような傾斜地であることが多いという現実がある。もう一つは、日本の一般的な宅地の面積がかなり狭いことであった。

この二つが同時に影響したと見られる、傾斜地の一戸建て個人住宅の例を想定してみたい。すでに述べたように各宅地は雛壇状に造成されていることが多い。

計算しやすいように、例えば二〇〇平方メートルの宅地に建坪一〇〇平方メートルの二階建て住宅（建蔽率五〇パーセント）と車庫スペースがある場合を想定してみたい。それだけで敷地の残りは約八五平方メートルとなり、さらに傾斜の法面に四～五平方メートルとられ、門・玄関部分が二平方メートル程度とすれば、家の周囲に残るのは一メートル幅ほどのわずかな余地だけである。平坦化しなければ、とても一戸建て住宅にならないであろう。

加えて、住宅に不可欠な上下水道管の埋設のほかに、降水量の多い日本では雨水を排水するための溝や樋管などの設備が必要である。宅地造成に際しては、平坦化とともにこれらの設備埋設の必要性もあることになる。

一方、このような山麓や丘陵周辺の傾斜地には、寺院などが立地していることがある。ただしこれらの場合、境内が広く、ゆったりしてい

写真6-1　雛壇に造成された宅地（滋賀県）

（出所）著者撮影

ることが多い。境内は、平坦地が必要な一部分を除き、傾斜や起伏がそのまま、あるいは若干手を加えて庭園などに利用されている場合が、しばしば見られる。

このような状況からすれば、広い敷地が傾斜地をほぼそのまま利用することを可能にしている。これに対し、狭い面積の宅地が平坦化されるのは必然的ともみられる。平坦化は狭くても宅地として使用できるようにするためだとすれば、これも一種の経済合理性の追求による結果とみてよい。

この経済合理性は、各宅地に地形利用の個性を発揮する余地を残さないほど強固で、空間における、いわば遊びの部分を残す余裕がないとも表現できよう。この条件下では、仮に求めたとしても、個性的な住宅地の造成は不可能であろう。方格プランや碁盤目区画への志向が画一的で単調な景観に結びつくとしても、歴史的・伝統的な動向に加え、現代の経済合理性が優先されることに異を唱えることは難しいと言わざるを得ない。

要するに日本では、古代以来の方格プラン、ないし碁盤目の土地計画に由来した歴史的伝統に加え、現代においても経済合理性を優先する動向が確認される。さらに、地形条件の制約と相まって、市街でも小規模な土地区画を平坦化する動向が強く、方格プランないし碁盤目区画への志向が強化あるいは再生産され続ける状況が、時代を超えて背景に存在するのだろう。

おわりに

小著は土地区画を主題にしてきた。比較のために世界的な動向をも眺めてきた。世界各地において、碁盤目を含むさまざまな土地区画が存在してきたが、それらを生み出したいろいろな時代や場所におけるさまざまな土地計画や、その伝播と盛衰についても概観してきた。日本でもいろいろな形状の土地区画があったが、碁盤目区画への志向がとりわけ強かったことが目立った特徴の一つである。この志向は市街でも、また農地でも見られた。土地区画が正方形の碁盤目か、多様な長方形かややゆがんだ菱形であるかといった違いがあっても、日本では時代を超えて方格の道路網や街路網を作り続けてきた。

見方を変えると、これらの道路や街路の交差点に、尖った鋭角を作ることを避けてきたとも言えるかもしれない。あるいは土地の区画に鋭角をなす尖った部分をつくらないようにしてきた。その結果、方格網を維持し、これに斜交する道路・街路を加えるような計画を実施してこなかった。

ごくまれに鋭角をなす敷地の突出があった場合、程度の差はあれ、日本人はやや違和感を覚え、それが発生した由来に関心が及ぶことになろう。「はじめに」で述べたような方格プランを維持してきた京都と、放射状街路を軸としたパリの都市改造との違いをもたらした要因の一つでもある。

小著では、碁盤目を志向する流れを確認できたが、それがなぜなのかについて、課題のすべてが解明したわけではない。筆をおくに際し、それにかかわる視点について、予測も含めて触れておきたい。

まず土地制度からすれば、条里プランを軸とした八世紀以来の土地計画の役割がとりわけ大きかった。すでに紹介したことがある（金田『地形で読む日本』）ので繰り返さなかったが、鎌倉・山口・豊後府内といった、古代末〜中世における京都を模したり、その状況に倣ったりした都市構想ないし屋敷配置などがあったことも、碁盤目区画あるいは方格プランへの志向を顕現化してきた可能性があろう。加えて、近世に盛行した干拓地の土地計画にも方格を志向したものがあり、近代の北海道における殖民地の土地計画や札幌の都市計画も方格プランであった。

さらに近代における、耕地整理や圃場整備、あるいは市街地の区画整理などの政策も同様であるが、それらの方向性の策定には、進展した農業技術や、自動車・農業機械の発達・普及への対応があったことは小著で述べた。しかしこの動向が、市街化予定地の区画整理にまで及んだ方格への志向を含めて、果たして理由はそれだけであろうか。


区画の形状の碁盤目志向に加え、日本では権利・利用の単位としての土地区画を、可能な限り平坦化してきたこともすでに指摘した。水田は湛水を必要とするので、水田に土地区画を設定する以上、必然的に一枚一枚の平坦化を必要とする。だが宅地や各種施設の敷地の場合は、必ずしも平坦化が不可欠な要件ではないこともすでに述べた。にもかかわらず平坦な碁盤目の区画を造成するのは、一つには小著で、経済合理性を求める結果であろうとの結論を得ているが、さらに、水田の造成を中心として展開してきた景観がもたらした通念や、その認識に由来する感覚の反映があるかもしれない。

これには、傾斜が急な部分であっても、それを利用しなければならない日本の地形条件が関わっていることも本書で述べた。地形についてはすでに一書を上梓した（金田『地形と日本人』）が、地形条件の影響についての検討はまだ課題を残しているかもしれない。少なくとも、認識や感覚については改めて検討が必要であろう。

私事であるが、小著で取り上げた土地区画は、私が歴史地理学を志した学生時代からずっと気になっていたことにかかわる。私は地表のさまざまな景観や事象を研究対象として取り上げ、各地を訪れてその土地に立って資料を探索してきたが、その際にいつも脳裏に残っていたのが多様な土地区画であった。依然として全貌の解明には至っていないものの、小著は現時点での土地区画にかかわる整理と比較の試みであり、日本における碁盤目区画への志向について考えてみたものである。読者諸賢にこの試みをご理解いただければ幸いである。

小著の刊行に際しては、日経ＢＰの桜井保幸さんの御協力を得た。先行の二冊と同様に、原稿にまず目を通していただき、いろいろなご教示も得た。末尾ながらお礼申し上げたい。

二〇二二年九月　　烏丸二条の書斎にて

金田章裕

図版一覧

第1章

第2章

第3章

図3−5　ロンディニウムの遺構（オルドナンス・サーベイ『ロンディニィウム』）
図3−6　囲郭都市ケルン（M．メリアン『一六四六年のゲルマニア地誌』）
図3−7　ハーナウの方格プラン（ガトキントによる）
図3−8　バルセロナの街路パターン（一八六一年、『バルセロナ地図帳』）
図3−9　リグスホーフェン村の集落と耕地（イェーガー、水津一朗による）
図3−10　ギンプテ村のエッシュと耕地（浮田典良による）
図3−11　ベームステル干拓地（一六一二年干拓、ブラウ世界地図帳による）
写真3−1　西安北東部の農村集落と土地区画（Google Earth）
写真3−2　オランジュ地籍図（部分）（M．E．ベレ『オランジュ博物館の遺物と記録集』）

第4章

図4−1　ウースター郡バール・タウンシップ（一七九四年）（金田、二〇一五年、原図はマサチューセッツ州議会図書館蔵）
図4−2　コネティカットのタウンシップ（一七六一年）（金田、二〇一五年、原図は連邦議会図書館蔵）

第5章

第6章

参考文献

第1章

佐賀県耕地協会編・刊『佐賀県干拓史』一九四一年
矢嶋仁吉『武蔵野の集落』古今書院、一九五四年
井上修次「地割の進展」『地理学評論』三三―一一、一九六〇年
木村礎・伊藤好一編『新田村落』文雅堂銀行研究社、一九六〇年
砺波市史編纂委員会編『砺波市史』砺波市、一九六五年
金田章裕『条里と村落の歴史地理学研究』大明堂、一九八五年
工楽善通「古代の水田跡とムラ」渡部忠世（著者代表）『アジアの中の日本稲作文化（稲のアジア史第三巻）』小学館、一九八七年
犬井正「武蔵野台地北部における平地林の利用形態」『地理学評論』五五―八、一九八二年
金田章裕『微地形と中世村落』吉川弘文館、一九九三年

恵那市教育委員会編・刊『石積みの棚田　恵那市中野方町坂折地区水田現況調査報告書（恵那市文化財調査報告書36）』一九九九年
佐賀県教育委員会編・刊『佐賀県地籍図集成 八　肥前国佐嘉郡五』二〇〇五年
金田章裕『大地へのまなざし―歴史地理学の散歩道』思文閣出版、二〇〇八年
金田章裕『江戸・明治の古地図からみた町と村』敬文舎、二〇一七年
金田章裕『景観からよむ日本の歴史』岩波新書、二〇二〇年

第2章

虎尾俊哉『班田収授法の研究』吉川弘文館、一九六一年
村井康彦「荘園制の発展と構造」『岩波講座日本歴史　古代4』一九六二年
岸俊男『日本古代籍帳の研究』塙書房、一九七三年
金田章裕『条里と村落の歴史地理学研究』大明堂、一九八五年
梶川勇作「尾張地方の近世の新田村」『金沢大学文学部地理学報告』四、一九八八年
根木修「岡山市南方釜田遺跡における条里地割の変遷」『条里制研究』五、一九八九年
金田章裕『古代日本の景観―方格プランの生態と認識』吉川弘文館、一九九三年

角田文衞総監修『平安京提要』角川書店、一九九四年
石上英一『古代荘園史料の基礎的研究　上』塙書房、一九九七年
原田伴彦・西川幸治『日本の市街古図（東日本編）』鹿島研究所出版会、一九七三年
小澤毅『日本古代宮都構造の研究』青木書店、二〇〇三年
佐賀県教育委員会編・刊『佐賀県地籍図集成　八　肥前国佐嘉郡五』二〇〇五年
彦根市史編集委員会編『新修彦根市史　第一〇巻景観編』彦根市、二〇一一年
金田章裕『古地図で見る京都―「延喜式」から近代地図まで』平凡社、二〇一六年
金田章裕『古代国家の土地計画―条里プランを読み解く』吉川弘文館、二〇一八年
金田章裕『地形で読む日本―都・城・町は、なぜそこにできたのか』日経プレミアシリーズ、二〇二一年

第3章

E.A.Gutkind, *International History of City Development I,III,V*, The Free Press, 1964, 1967, 1970
浮田典良『北西ドイツ農村の歴史地理学的研究』大明堂、一九七〇年
O.A.W.Dilke, *The Roman Land Surveyors*, David &Charles, 1971

佐藤武敏『長安』近藤出版社、一九七一年

矢守一彦『都市図の歴史―世界編』講談社、一九七五年

P.H.Sawyer(ed.), *Medieval Settlement*, Edward Arnold,1976

水津一朗『ヨーロッパ村落研究』地人書房、一九七六年

宿白「隋唐長安城和洛陽城」『考古』六、一九七八年

池田温『中国古代籍帳研究―概観・録文』東京大学出版会、一九七九年

谷岡武雄『歴史地理学』古今書院、一九七九年

Col-legi Oficial d'Arquitectes de Catalunya, *Atlas de Barcelona*, 1982

Ordnance Survey, *Londinium*,1983

西嶋定生編『奈良・平安の都と長安』小学館、一九八三年

金田章裕『条里と村落の歴史地理学研究』大明堂、一九八五年

曹婉如ほか編『中国古代地図集　戦国―元』文物出版社、一九九〇年

Mchel-Édouard Bellet, *Orange antique, Monuments et musié, Imprimerie nationale*, 1991

曹婉如ほか編『中国古代地図集　明代』文物出版社、一九九四年

金田章裕『古代荘園図と景観』東京大学出版会、一九九八年

佐竹靖彦『中国古代の田制と邑制』岩波書店、二〇〇六年
金田章裕『タウンシップ―土地計画の伝播と変容』ナカニシヤ出版、二〇一五年
ポンペイ文化財保護局編・刊『ポンペイ遺跡ガイド』二〇一五年

第4章

Francis Baily, *Journal of a Tour in Unsettled Parts of North America, in 1796 and 1797*, Baily Brothers, 1856
Thomas Jeffesrson (William Peden ed.) *Notes on the State of Virginia*, The University of North Carolina Press, 1995
W. D. Pattison, *Beginnings of the American Rectangular Land Survey System, 1784-1800*, Department of Geography Research Paper No.50, The University of Chicago, 1957
John W. Reps, *The Making of Urban America*, Princeton University Press, 1965
R. C. Harris, *The Seigneurial System in Early Canada*, The University of Wisconsin Press, 1968
H. B. Johnson, *Order upon the Land*, Oxford University Press, 1976
金田章裕『オーストラリア歴史地理』地人書房、一九八五年

Joan Winearls, *Mapping Upper Canada 1780-1867,* University of Toronto Press, 1991
US Department of Interior, *A History of Rectangular Survey System,* (刊年不記載)
Akihiro Kinda, The concept of, townships, in Britain and the British Colonies in the seventeenth and eighteenth centuries, *Journal of Historical Geography, 27-2,* 2001
金田章裕『タウンシップ―土地計画の伝播と変容』ナカニシヤ出版、二〇一五年

第5章

Shosuke Sato, History of the Land Question in the United States, *Johns Hopkins University Studies in Historical and political Science, Fourth series* 7－8－9, 1886
松浦武四郎『西蝦夷日誌』、文久三年(一八六三)序、明治五年(一八七二)跋
札幌史学会編・刊『札幌沿革史』一八九七年
北海道編刊『北海道農地改革史(上)』一九五四年
クラレンス・A・ペリー(倉田和四生訳)『近隣住区論―新しいコミュニティ計画のために』鹿島出版会、一九七五年
玉井健吉編『史料・旭川屯田(旭川叢書　一三)』旭川振興公社、一九八〇年

金巻鎭雄編『地図と写真でみる旭川歴史探訪』総北海、一九八二年
農業土木歴史研究会『水土の礎』農業農村整備情報総合センター、一九九八年
小出進「耕地整理の方式」『農業土木学会誌』六七－八、一九九九年
石川県農地林部「水田農業を次世代に伝えるために―ほ場整備事業―」
農林省「圃場整備実施要領」および「農地整備に係る運用」一九六六年
金田章裕『タウンシップ―土地計画の伝播と変容』ナカニシヤ出版、二〇一五年
エベネザー・ハワード（山形浩生訳）『（新訳）明日の田園都市』鹿島出版会、二〇一六年
武山絵美「農業土木学の一翼を担う農村計画学と地図」『農村計画学会誌』三八－四、二〇二〇年

第6章

金田章裕『地形と日本人―私たちはどこに暮らしてきたか』日経プレミアシリーズ、二〇二〇年

金田章裕　きんだ・あきひろ

京都大学名誉教授。博士（文学）。府立京都学・歴彩館館長。京都府公立大学法人理事長。専門は人文地理学、歴史地理学。1969年京都大学文学部卒、74年京都大学大学院文学研究科博士課程修了。94年京都大学文学部教授、2001年文学研究科長兼文学部長、同年12月副学長。04年4月理事兼任。06年人文地理学会会長（10年退任）。07年京都大学退任、名誉教授。08年人間文化研究機構・機構長（14年退任）。

日経プレミアシリーズ｜489

なぜ、日本には碁盤目の土地が多いのか

二〇二三年一月一〇日　一刷

著者　金田章裕

発行者　國分正哉

発行　株式会社日経BP
日本経済新聞出版

発売　株式会社日経BPマーケティング
〒一〇五―八三〇八
東京都港区虎ノ門四―三―一二

装幀　ベターデイズ

組版　マーリンクレイン

印刷・製本　中央精版印刷株式会社

ISBN 978-4-296-11630-0　Printed in Japan

日経プレミアシリーズ 438

地形と日本人

金田章裕

私たちは、自然の地形を生かし、改変しながら暮らしてきた。近年頻発する自然災害は、単に地球温暖化や異常気象だけでは説明できない。防災・減災の観点からも、日本人の土地とのつき合い方に学ぶ必要がある。歴史地理学者が、知られざるエピソードとともに紹介する、大災害時代の教養書。

日経プレミアシリーズ 467

地形で読む日本

金田章裕

立地を知れば歴史が見える。都が北へ、内陸へと移動したのはなぜか。城郭が時には山の上に、時には平地に築かれた理由。どのようにして城下町が成立し、どのように都市が水陸交通と結びついていったのか。地形図や古地図、今も残る地形を読みながら、私たちがたどってきた歴史の底流を追う。大好評の歴史地理学入門第2弾。

日経プレミアシリーズ 473

ビッグデータが明かす医療費のカラクリ

油井敬道

病院や薬局の明細書には何が書かれているのか？　生活習慣病の医療費は、なぜ同じ症状、同じ年齢で3倍~5倍も異なるのか。毎月通院する患者と3カ月に一度しか通院しない患者で、治療成績に差はあるか？　25年間、61万人、1100万回の電子カルテの分析から、日本の医療費と医療サービスの実態を明らかにする。

日経プレミアシリーズ478

デジタル空間とどう向き合うか

鳥海不二夫・山本龍彦

見たい情報しか見なくなる。自己決定のつもりが他者決定に。「分断」や「極化」が加速――。インターネットは利便性を高める一方で、知らず知らずのうちに私たちの「健康」を蝕んでいる。計算社会科学者と憲法学者が、デジタル空間に潜むさまざまな問題点を指摘、解決への糸口を探る。

日経プレミアシリーズ483

どうすれば日本人の賃金は上がるのか

野口悠紀雄

いまや、他の先進国と比べて、賃金の安い国となった日本。「物価は上がるのに、賃金が上がらない」現状は、私たちの生活をじわじわと追い詰めている。どうすれば、この状況から脱することができるのか？　独自のデータ分析によって長期的な賃金停滞の根本原因を明らかにし、日本経済の再活性化のためにいま本当に必要な施策は何かを考える。

日経プレミアシリーズ488

株式投資２０２３

前田昌孝

円安や企業業績の株価への影響、真価が問われる東証プライム市場、岸田カラーのかなめ「新しい資本主義」、資産形成で要注目の新ＮＩＳＡや税制改正――話題がてんこ盛りの２０２３年の株式市場を、取材歴40年の記者が取材とデータ分析をもとに独自の切り口で解説。